A VISUAL INTRODUCTION TO SWEDEN

Foto:Anders Tedeholm/imagebank.sweden.se

FÖRORD

はじめに

　スウェーデンは、他の北欧諸国と共に、社会の健全性や国民の幸福度、そして世界への貢献度を示唆する多くの国際比較ランキングで軒並み上位に名前が挙がる常連国です。2017年にやっと1,000万に到達したばかりと、人口でいえば神奈川県より少し大きい程度の小国にすぎませんが、さまざまな産業において世界的な企業を輩出していることも驚嘆に値します。G7の様な世界の「主要国」ではないものの、北欧という辺境に位置しながら、ノーベル賞、ABBA、アストリッド・リンドグレーンなどを通じて、さまざまな分野で世界に影響を与え続けてきたその功績は、大国と呼んでも決して大げさではないほどのものです。

　本書は、そんなスウェーデンと日本との国交樹立150周年にちなみ、150のトピックを通じて、スウェーデンの魅力の一端を多角的かつ視覚的に伝えようという試みです。専門書のような敷居の高さなく、写真を眺めながらパラパラとめくって、気になったページから気楽に読み進めていただける、そんな入門書を目指しました。この国にあまり馴染みのなかった方には、さまざまな角度からこの国を垣間見ていただけると思います。また、すでに詳しい方にも知られざる一面を発見していただけるよう、これまであまり語られてこなかった話題も取り上げています。

　本書の役割はあくまで読者の皆様をスウェーデンへと誘う"入り口"となることです。一つ一つのトピックについての文章量は限られてい

るので、ここでの記述だけでは満足できないかもしれませんが、「えっ、それもスウェーデンだったの？」と意外な発見をしたり、今までとは違う分野にも興味を持ったり、教科書でのお勉強のような堅苦しさなく、スウェーデンとの距離を縮めてもらえれば幸いです。

　150というと多い様ですが、扱いきれなかったトピックは数知れず、この国の魅力の多さを再認識させられる結果ともなりました。また今回は、首都ストックホルム中心の内容となっていることもお断りしておかなければなりません。ヨーテボリやダーラナ地方などにも少し触れてはいますが、スウェーデンの地方の魅力を語り尽くすには、続編あるいは別冊の登場をお待ちいただく必要がありそうです。本書でも、現地での見どころはかなり取り上げてはいますが、旅行ガイドではないので、詳細な旅の実用情報については、27ページに添えた関連リンク集や巻末付録などを参考に最新の情報をご確認ください。

　一人でも多くの読者の皆様が、本書を通じてスウェーデンの数々の魅力に触れ、さらに興味を持っていただけること、そして、本書が、より多くの日本人がこの国を訪ねるきっかけとなることを願ってやみません。

　◎ 増刷にあたり、表記を数カ所訂正するとともに、一部の情報をアップデートしました。

INNEHÅLLSFÖRTECKNING

もくじ

		はじめに	P20
1	GEOGRAFI	自然豊かな北欧の「森と湖と群島の国」	P30
2	NORDEN	北欧ってどこのこと？	P32
3	ÅRSTIDER	暗く長い冬と明るく開放的な夏	P33
4	SVENSKAR	金髪青い目ばかりじゃない！けれど	P34
5	SAMER	北欧の先住民サーミ	P35
6	VÄLFÄRD OCH EKONOMISK TILLVÄXT	福祉国家と経済成長の両立	P36
7	GLOBALA MÅLEN OCH AGENDA 2030	SDGs達成度で世界をリード	P37
8	JÄMSTÄLDHET	男女平等先進国に残された課題	P38
9	ÄKTENSKAP	大切なのは、結婚ではなく愛！	P39
10	BARNOMSORG	世界で最初に子どもへの体罰を禁止	P40
11	UTBILDNING	民主主義社会の参加者を育てる教育	P41
12	STOCKHOLM	「水の都」ストックホルム	P42
13	KAJAK	カヤック好きの楽園	P44
14	HÄSTAR	馬が自由に闊歩するストックホルムの街	P45
15	STOCKHOLMS STADSHUS	ノーベル賞晩餐会の舞台となる市庁舎	P46
16	CARL ELDH	市庁舎公園に佇む群像	P48
17	CARL MILLES	スウェーデンを代表する彫刻家	P49
18	SVENSKA SPRÅKET	スウェーデン人は何語を話すの？	P50
19	ASTRID LINDGREN	「長くつ下のピッピ」で世界を魅了したリンドグレーン	P52
20	ALFRED NOBEL	アルフレッド・ノーベルと発明の伝統	P54

21	SELMA LAGERLÖF	「ニルスのふしぎな旅」を書いたノーベル賞作家	P56
22	KONSERTHUSET STOCKHOLM	ノーベル賞授賞式会場となるコンサートホール	P57
23	TUNNELBANA	ストックホルムの地下鉄は、世界一長いアートギャラリー	P58
24	NORRMALM	ストックホルムの中心の「北の島」	P60
25	CITY BACKPACKERS	中央駅から歩いて行けるホステル	P61
26	CENTRALBADET	アール・デコのプールで旅の疲れを癒す	P62
27	AT SIX	アートとデザインにとことんこだわったホテル	P64
28	HOBO	ロビーでハーブを育てるファンキーなホテル	P65
29	SERGELS TORG	市民の決意表明の場、セルゲル広場	P66
30	STORMAKTSTIDEN	バイキングとバルト帝国の時代	P68
31	MEST ANSEDDA LAND	貧困国から世界一評判のよい国へ	P68
32	INTERNATIONELLT BIDRAG	北欧の小国の大きな国際貢献	P69
33	SÄKERHETSPOLITIK	非攻撃的防衛戦略で平和を維持する中立国	P69
34	RAOUL WALLENBERG	「スウェーデンのシンドラー」ワレンバーグ	P70
35	KUNGSTRÄDGÅRDEN	市民の憩いの場、王立公園	P72
36	OPERAN	伝説の歌姫たちが巣立った王立歌劇場	P74
37	MATS EK	世界に影響を与え続けたコレオグラファー	P75
38	NATIONALMUSEUM	生まれ変わった国立美術館	P76
39	FORMGIVNING OCH INREDNING	スウェーデン・デザインへのいざない	P78
40	GLASRIKET I SMÅLAND	スモーランド地方の「ガラスの王国」	P79
41	SKEPPSHOLMEN	これぞ「都会のオアシス」、シェップスホルメン	P80
42	MODERNA MUSEET	近代美術館で"アートの現在"を感じる	P82
43	HOTEL SKEPPSHOLMEN	ホテル・シェップスホルメンで非日常を満喫	P83
44	AF CHAPMAN	美しい帆船のホステル	P84
45	KUNGSHOLMEN	「王の小島」クングスホルメンの湖畔を散策	P86
46	MÄLARPAVILJONGEN	「水の都」の湖畔で一杯	P88
47	MAJA SÄFSTRÖM	キュートな動物イラストがブレイク中	P90
48	DJURGÅRDEN	王室の狩猟場だったユールゴーデン	P96
49	VASAMUSEET OCH NORDISKA MUSEET	歴史に思いを馳せる二つの博物館	P98
50	WALDEMARSUDDE OCH THIELSKA GALLERIET	優雅な環境で北欧美術を愛でる	P99
51	HILMA AF KLINT	抽象絵画の先駆者ヒルマ・アフ・クリント	P100
52	TYRA KLEEN	「自由な精神」を生きたトゥーラ・クレーン	P102
53	ANDERS ZORN	スウェーデン印象派の巨匠	P104

54	CARL OCH KARIN LARSSON	スウェーデンで一番有名な家	P105
55	SVENSK POP/ROCKMUSIK	世界第3位の音楽輸出国	P106
56	ABBA	ABBAを語らずして、スウェーデンは語れない	P108
57	MONICA ZETTERLUND	北欧中が愛したジャズの女王	P109
58	MAX MARTIN OCH PELLE LIDELL	スウェーデンが生んだビルボード/J-POPヒット	P110
59	GRÖNA LUND OCH LISEBERG	スウェーデン最古と北欧最大の二つの遊園地	P112
60	SKANSEN	過去と現在が出会う世界初の野外博物館	P113
61	ROSENDALS TRÄDGÅRD	居心地のよいローゼンダール城の庭園	P114
62	ANNORLUNDA HOTELL	変わり種ホテルの宝庫	P115
63	DALARNA	スウェーデン人の心の故郷、ダーラナ	P116
64	DALAHÄST	スウェーデンの象徴ダーラヘスト	P118
65	FOLKMUSIK OCH DANS	未来志向の国に息づく民族音楽	P120
66	MIDSOMMAR	太陽を待ちわびる人々の夏至祭	P121
67	TRADITIONER	季節を彩る伝統行事	P122
68	NY NORDISK MAT	ストックホルムで世界が注目する新北欧料理を	P124
69	WHITE GUIDE	北欧のミシュラン、"ホワイトガイド"	P125
70	SMÖRGÅSBORD	バイキング料理として知られるスモーガスボード	P126
71	BRÄNNVIN	「燃やしたワイン」と呼ばれる蒸留酒	P128
72	ARDBEG EMBASSY	旧市街でジビエと至極のシングルモルトを	P129
73	MALMÖ	デンマークと橋で結ばれた第三の都市マルメ	P130
74	BRON	デンマークと共同制作の大ヒットTVシリーズ	P131
75	MYS OCH LAGOM	「ラーゴム」は、第二の「ヒュッゲ」になれるか？	P132
76	GAMLA STAN	中世の街並みが美しいガムラスタン	P134
77	KUNGLIGA SLOTTET	世界最大級の王宮	P136
78	KUNGAHUSET	国民から近い人間味あふれる王室	P137
79	VÄRLDSARV NÄRA STOCKHOLM	ストックホルム近郊の世界遺産	P138
80	KYRKOR	教会は美しきランドマーク	P140
81	RELIGION	人道主義が宗教に優先する社会	P142
82	SLOTT	名城や要塞を訪ね歴史に思いを馳せる	P144
83	RIKSDAGEN	国民の代表としての国会の今後に注目	P145
84	GOTLAND	バルト海に浮かぶ中世の島	P146
85	OFFENTLIGHETSPRINCIPEN	公文書公開の原則と報道の自由	P148
86	TIDNINGAR	最古の新聞と地下鉄で配るフリーペーパー	P148

87	RADIOTJÄNST	公共放送の革新的PRキャンペーン	P149
88	SVERIGES EGET NUMMER	スウェーデンの"誰か"と話せる電話番号	P149
89	ALLEMANSRÄTTEN	自然を愛する北欧の権利	P154
90	SKÄRGÅRDAR	東海岸にも西海岸にもある数万の群島	P156
91	ARTIPELAG	群島の自然の中でアートを愛でる	P158
92	GUSTAVSBERG	陶器で知られる港町グスタフスベリ	P159
93	VARUHUS OCH KÖPCENTRUM	デパートやモールで地元ブランドを一気に	P160
94	RÖRSTRAND	欧州で2番目に古い陶器メーカー	P161
95	STUTTERHEIM	雨の日もスタイリッシュに	P162
96	RYGGSÄCKAR	アウトドア大国のリュックは世界中で人気	P163
97	MODE	H&Mだけじゃないスウェーデン・ファッション	P164
98	A DAY'S MARCH	端正なメンズファッション・ブランド	P166
99	ACNE STUDIOS	イケてるスウェーデン人の一押しブランド	P168
100	NUDIE JEANS	長く履きたいエコで美しいジーンズ	P169
101	GÖTEBORG	世界一フレンドリーなスウェーデン第二の都市	P170
102	HANS ROSLING	現代の知の啓蒙家	P172
103	FORSKARE	科学の礎を築いた学者たち	P173
104	AKADEMISK FORSKNING	世界的な学術研究機関	P173
105	SJUKVÅRD	平等で低負担だが、待ち日数に難ありの医療	P174
106	ÄLDREOMSORG	最後まで自立を促す高齢者ケア	P174
107	ARBETSLIVSBALANS	柔軟な労働環境と尊重されるワークライフ・バランス	P176
108	VOLVO	安全な車の代名詞ボルボ	P178
109	HASSELBLAD	月に行ったカメラ、ハッセルブラッド	P179
110	ERICSSON	携帯通信インフラの世界最大手	P180
111	IKEA	17歳の少年が築き上げた世界最大の家具メーカー	P181
112	DATACENTER	世界的なデータセンター拠点	P182
113	EKOLOGI	エコ先進国の持続可能社会への挑戦	P183
114	SKYPE OCH SPOTIFY	世界を変革したITスタートアップ	P184
115	SOLVATTEN OCH PEEPOOPLE	途上国の生活改善に貢献するイノベーション	P184
116	INVENTION	世界を変えた発明大国	P185
117	SVENSKA FÖRETAG	世界市場で成功するスウェーデン企業	P185
118	SWISH	すでに到来しているキャッシュレス社会	P187
119	ÖSTERMALM	ストックホルムの「アッパーイースト」	P188

120	DRAMATEN	名演出家、名優たちが歴史を彩った豪奢な劇場	P190
121	SVENSKT TENN	生活デザインの殿堂スヴェンスクト・テン	P192
122	HUMLEGÅRDEN	観光や買物に疲れたら公園で一休み	P193
123	SVENSKAR I JAPAN	日本で活躍するスウェーデン人たち	P198
124	FIKA	フィーカなしには、この国は回らない	P200
125	SEMLA OCH KANELBULLE	断食パンとスウェーデンの象徴	P201
126	VETE-KATTEN	1928年の創業以来愛され続けてきたカフェ	P202
127	GODIS	スウェーデン人は甘いものが大好き	P203
128	EJES	王室御用達の家族経営のチョコレート屋さん	P204
129	CHOKLAD	まだまだあるスウェーデンのチョコレート	P205
130	INVANDRARE	寛大な移民政策はどこへ向かう？	P206
131	FRIIDROTT	人口あたりオリンピックメダル数第4位のスポーツ大国	P210
132	ISHOCKEY OCH FOTBOLL	人気を二分するアイスホッケーとサッカー	P211
133	STOCKHOLM MARATHON	世界有数の美しいコースを走るマラソン	P212
134	STOCKHOLMS STADION	世界記録が世界一生まれた陸上競技場	P214
135	MAURTEN	マラソン世界新記録に貢献したスポーツドリンク	P215
136	VASALOPPET	世界最古にして最大のクロスカントリー・スキー大会	P216
137	LÅNGFÄRDSSKRIDSKOR	凍てつく自然の中でノルディック・スケートを	P217
138	KIRUNA OCH JUKKASJÄRVI	オーロラと鉱山とアイスホテルの街	P220
139	INGMAR BERGMAN	映画史上に輝く巨匠	P222
140	GRETA GARBO OCH INGRID BERGMAN	ハリウッドを魅了した二人の大女優	P223
141	LUKAS MOODYSON OCH RUBEN ÖSTLUND	「人間」と向き合う現代の監督たち	P224
142	SVENSKA SKÅDESPELARE I HOLLYWOOD	ハリウッドで活躍する俳優たち	P225
143	STOCKHOLMS STADSBIBLIOTEK	図書館でアスプルンドの美しい空間に浸る	P228
144	AUGUST STRINDBERG	スウェーデン文学を代表する巨匠	P230
145	MILLENNIUM	北欧ノアールの大ベストセラー	P231
146	FOTOGRAFISKA	世界有数の写真美術館	P233
147	SÖDERMALM	眺望ポイントも満載のヒップな街	P234
148	BÅTRESA	氷の海を砕いて進むバルト海クルーズ	P238
149	LUCIA	蝋燭のリースが印象的なルシア祭	P239
150	JUL	冬を華やかに彩るクリスマスに「スコール（乾杯）!」	P240

KOLUMNER

1	MUMINTROLLET	ムーミンはスウェーデン語ネイティブ	P51
2	NOBELPRISET	ノーベル賞はだれが選ぶ？	P55
3	MAKOTO ONODERA	ストックホルムで暗躍した「諜報の神様」	P71
4	LÅTAR OM STOCKHOLM OCH GÖTEBORG	街を歌った名曲たち	P107
5	ALKOHOLDRYCKER	楽しくも複雑なお酒事情	P127
6	JANTELAGEN	「ヤンテの掟」の功罪	P133
7	SEX	フリーセックスの今は昔	P143
8	KLÄDD I SVART	黒が大好きなスウェーデン人	P167
9	VÄRLDENS ENSAMMASTE FOLK	世界一寂しい人々？	P175
10	KONSTNÄRER PÅ SEDLAR	お札になった芸術家たち	P186
11	ENGELSKA	スウェーデン人は英語が得意	P191
12	SVERIGE I HOKKAIDO	北海道にあるスウェーデンの街並み	P199
13	VAL 2018	2018年総選挙の結果を受けて	P208
14	HÄNDELSER I STOCKHOLM	ストックホルム事件簿	P209
15	SHISO KANAKURI	「消えた日本人」が大河ドラマの主人公に	P218
16	FUKUOKA OCH SVERIGE	東京オリンピックの事前合宿地、福岡	P219

INTERVJUER

1	山森健成	P92	4	フロロン・ペリシエ	P152
2	ルース・ヘムスタッド	P94	5	スナールベリ啓子	P194
3	ペール・シュトゥーレゴード	P150	6	オーサ・イェークストロム	P196

TOPPLISTOR

1	おすすめ音楽	P111	3	おすすめ文学	P232
2	おすすめ映画	P227	4	おすすめ眺望	P236

基本情報・スウェーデンの行き方	P242	INDEX	P246
もっと知りたいスウェーデン	P244	あとがき	P252

◎各トピックの関連ウェブサイトへのリンク集

https://www.takahiro-art.com/world/sweden/booklinks/

◎本書におけるスウェーデン語のカタカナ表記について

原則として、以下の基本方針に従いました。
1. 日本で定着している慣用表記があるものは、それに倣う。
2. 日本に支社や正規代理店等がある場合は、その表記を尊重する。
3. 過去の日本語表記がまちまちなもの、紹介例が少ないものについては、
　 なるべく現地語の発音に近い表記とする。

このような事情を補う一助として、初出時になるべくスウェーデン語を併記しています。
発音が気になったら、Forvoなどを使ってネイティブの発音を聞いてみてください。

https://ja.forvo.com

150 FANTASTISKA FAKTA OM SVERIGE

北欧の小さな大国
「スウェーデン」の魅力150

GEOGRAFI

自然豊かな北欧の
「森と湖と群島の国」

1

スウェーデンは、スカンジナビア半島に位置する北欧の一国。北極圏に属する北部は、オーロラや白夜で知られる。縦に長い国土の西側にはスカンジナビア山脈が連なり、ノルウェーと長い国境を接す。東隣は、北からフィンランド、続いてバルト海を隔て、エストニア、ラトビア、リトアニアのバルト三国。南端のスコーネ (Skåne) 地方にある第三の都市マルメ (Malmö) は、デンマークの首都コペンハーゲンと橋でつながる。

　面積は日本の1.2倍ほど。2017年に初めて1,000万人に到達した人口は、南半分の都市部に集中し、街を離れるとすぐに深い森や湖に囲まれる。メーラレン (Mälaren) 湖がバルト海に注ぐ場所にある首都ストックホルム (Stockholm) や西海岸に位置する第二の都市ヨーテボリ (Göteborg) の沖に浮かぶ数万の群島も、この国を象徴する景観の一つ。

letsgo-sweden.com（スウェーデン観光文化センター）

NORDEN 2

北欧ってどこのこと？

　「北欧」には、通常、スウェーデン、デンマーク、ノルウェー、フィンランド、アイスランドの5ヵ国が含まれる。スウェーデン語なら"Norden"、英語なら"Nordic countries"がこれにあたる。「スカンジナビア」という言葉も同義に用いられたりするが、本来は、スウェーデン、ノルウェー、デンマークの3ヵ国を指す。地域協力組織としては、1952年に設立された「北欧会議（Nordic Council）」があり、上記5ヵ国とそれらに属する3自治領から議員たちが集う。1992年には歴史的・地理的結びつきの強いバルト三国を加えた8ヵ国で構成される「北欧・バルト8（Nordic Baltic Eight）」も組織されている。日本でも人気の北欧だが、現地でもこの地域共通の価値観を積極的に推進する動きがある。

ÅRSTIDER 3

暗く長い冬と明るく開放的な夏

　長く暗い冬が待つこの国の人々は、明るい季節には日の光を求め、こぞって屋外へと繰り出す。日照時間の差は、人々の精神状態にも大きな影響をもたらし、開放的な「夏のスウェーデン人」と無口な「冬のスウェーデン人」という異なる人種がいると言われるほど。自然とアウトドアが大好きで、「悪い天候はない。悪い服装があるだけ」と語る彼らのこと、滅多なことではへこたれないが、どんよりと陰鬱なだけの11月は、「なくてもいい月」。クリスマスが近づき、街が彩られると気分も少しは華やいでくる。最も日の長い6月下旬の夏至祭ともなると、多少肌寒くても気分は夏で、気温が20度まで上がれば、外で泳ぐのも平気。ただ、近年は、温暖化の影響で連日30度を超える暑い夏もめずらしくない。

SVENSKAR 4

金髪青い目ばかりじゃない！けれど

　スウェーデン人のイメージといえば、背が高く、金髪で青い目。でも、元々髪や肌の色が濃い人たちもいるし、寛大な移民政策の下、人種の多様化も進んでいるので、容姿でスウェーデン人を特定することは難しい。むしろ見かけと国籍は関係ないと思っているぐらいがいいだろう。とはいえ、生粋のブロンド率が世界で最も高いのが、この国を含むバルト海周辺地域であることもまた事実。性格的には、一般にシャイで真面目、温厚だといわれ、日本人と相性がいい。お酒が入ると弾けるところも似ている。ただし、男女の役割分担や家族の相互依存が当たり前の日本と、平等と自立が前提の個人主義社会スウェーデンでは、恋愛や家族における価値観や関係性には大きな隔たりがあることも知っておきたい。

Foto:Tove Freiij/imagebank.sweden.se

SAMER 5

北欧の先住民サーミ

　スウェーデン、ノルウェー、フィンランド、ロシアの北部に国境をまたがって住む先住民族。スウェーデン在住のサーミ人の数は約2万人。トナカイの放牧民として知られるが、現在もそれで生計を立てている人は1割ほどに過ぎず、一般のスウェーデン人と変わりない生活をしている人も多い。地区ごとに特有の民族衣装や手工芸品があり、ヨイク (jojk) と呼ばれる即興歌は、民族的アイデンティティーの復興にも寄与した。

　2016年には、自らもサーミ人の父を持つアマンダ・シェーネル (Amanda Kernell) 監督が、ノルウェーでトナカイを飼って暮らしていたレーネ=セシリア・スパルロク (Lene Cecilia Sparrok) を主演に手がけた映画「サーミの血 (Sameblod)」が各国で好評を博した。

VÄLFÄRD OCH
EKONOMISK TILLVÄXT

6

福祉国家と経済成長の両立

　スウェーデンを含む北欧諸国は、高負担高福祉国家として知られる。福祉と経済成長は一見相反するように見えるが、手厚い公共サービスは、活発な経済活動に基づく投資なしには成り立たない。それを可能にしてきたのは、「企業は守らず、人を守る」という一貫した積極的労働市場政策。たとえ多数の従業員を抱える大企業であろうとも、経営難に陥った企業に公費投入はせず、むしろ外資に買収してもらう。その代わり、社会のセーフティーネットを充実させて失業者の生活を守り、より必要とされる職場への再就職やそれに必要な再教育を支援する。それによって、時代のニーズにあった構造改革を促し、国際市場における競争力を確保するのが、福祉と経済成長を両立させるスウェーデン流の秘訣なのだ。

GLOBALA MÅLEN OCH AGENDA 2030

7

SDGs達成度で世界をリード

　日本でも目にする機会が増えた「持続可能な開発目標 (SDGs)」は、2015年の国連総会で採択された、世界をよりよく変えるための17の目標。すべての国で、2030年までの達成を目指す。現時点での達成度を示すために、ドイツのベルテルスマン財団とSDSNが毎年発行するSDGsインデックス2018年版において、スウェーデンは、対象156国中、堂々第1位にランクされている。2位デンマーク、3位フィンランドと続き、北欧5か国はすべてトップ10入り。日本は15位、米国は35位だった。スウェーデンでは、自国の政策が貧困国の人々に悪影響を及ぼさぬよう国際的な視野から政策を決定する「共有責任 (gemensamt ansvar)」法案を、2003年にすでに独自に採択するなど、その本気度は極めて高い。

www.sdgindex.org (SDGインデックス&ダッシュボード・レポート)

JÄMSTÄLDHET

8

男女平等先進国に残された課題

　U.S.ニューズ＆ワールド・レポート誌の2018年版「女性が最も生活しやすい国」では、前年のトップに続き、第2位。性別によって、職業や生き方を限定されることはなく、大学進学率も女性の方が高い。ただし、専業主婦は皆無に等しく肩身の狭い思いをする。復活した徴兵制も男女の区別なく適用される。国会議員や閣僚も女性がほぼ半数を占め、政治にも大いに女性の声が反映されている。とはいえ、民間企業における経営陣の割合などまだ格差が完全に埋まっているわけではない。そして、米国に端を発する#MeToo運動はこの国にも飛び火して、多くの告発の声が上がり、「あのスウェーデンでさえ」と女性へのセクハラや暴力の広範さや根強さ、真の平等への道のりの険しさを世界に印象づけた。

ÄKTENSKAP 9

大切なのは、結婚ではなく愛！

　スウェーデンでは、結婚という「旧弊な伝統」はあまり意味を持たない。事実、人口1,000万人ほどのこの国で、約180万人がサンボ（sambo）と呼ばれる未婚の同居カップルとして暮らす。夫婦とほぼ同様の権利が与えられるので不自由はない。実際、半数以上の子どもたちが未婚の両親から生まれている。ただし、サンボには相続権がないのでご注意を。同性を対象にした登録パートナーシップ制度ができたのは1994年、同性婚法の成立は2009年。スウェーデン教会も同性同士の挙式や同性愛者の牧師を認めている。男女問わず経済的自立が前提で、育児や介護も国の支援が手厚いので、経済的な理由で一緒になることや、子どものために冷めた関係を維持することはない。どこまでも愛なのである。

BARNOMSORG 10

世界で最初に
子どもへの体罰を禁止

　「子育てのしやすい国」や「子どもが暮らしやすい国」、「お母さんが幸せな国」などの国際ランキングでも、上位の常連国。世界で初めて父親に育児休暇が与えられたのは、1974年のこと。現在両親合わせて480日と世界最長の育児休暇中の内、390日は原則として給与の80%が保証される（上限あり）。ベビーカーを伴う市バス乗車は無料で、ベビーカーの駐車場がある公共施設も多い。1979年に世界で最初に家庭内も含む子どもへの体罰の禁止を法制化したのもこの国。その背景には、子は「親の背中を見て育つ」、すなわち、暴力をふるう大人を見て子どもたちも暴力をふるうようになるという考え方や、子どもを幼い頃から親の所有物ではなく固有の人格を持った一人の人間として尊重する思想がある。

UTBILDNING 11

民主主義社会の
参加者を育てる教育

　スウェーデンでは6歳から16歳までが義務教育。地方分権や移民受け入れによる格差拡大、過大な個性と自由の尊重による学力低下など、最近は悲観的な報道が多い。お隣のフィンランドに比べて教師の給与やステータスが低いこともその要因とされる。それでも、高校生ぐらいになると、早くから培われた自主性が功を奏し、目的意識を持つ子どもたちは熱心に学び始める。卒業後、一斉に大学を受験する必要はなく、それぞれのタイミングで進学を決める。授業料は無料で給付金も出る。リカレント教育やフォルケホイスコーレ (Folkhögskola) など生涯学習のための制度や施設も充実。そして、教育の最大の目的の一つは、民主主義社会の責任ある参加者たる人間を育てることだと明確に定義されている。

Foto:Magnus Liam Karlsson/imagebank.sweden.se

STOCKHOLM

「水の都」ストックホルム

　「スカンジナビアの首都」を自認するストックホルムは、水上に浮かんでいる様な都市景観を持つ美しい「水の都」だ。それもそのはず、市の中心部はストックホルム群島の14の小島から構成されている。
　ストックホルムの名は、「丸太の小島」を意味し、かつて砦として戦闘に備えるために丸太で囲まれていたことに由来する。ガムラスタンの南（写真の外。左手前）にあるセーデルマルム（Södermalm）の島もお見逃しなく。

international.stockholm.se（ストックホルム市）　Foto:Ola Ericson/imagebank.sweden.se

12

SKEPPSHOLMEN
シェップスホルメン

DJURGÅRDEN
ユールゴーデン

KASTELLHOLMEN
カステルホルメン

　人口は約95万人、郊外の都市圏も含めると158万人ほど（2018年）に達する北欧最大の都市だ。中心部には商業施設や住宅がひしめくが、市の面積の約3割を運河、もう3割を公園や緑地帯が占める。この街を訪ねるなら、水辺を散策したり、渡船に乗ったり、公園に寝そべったりして、その水と緑の都たる由縁を全身で感じてみて欲しい。効率的な都市機能と美しい自然がここまで見事に融合された街もめずらしい。

KAJAK

13

カヤック好きの楽園

　ストックホルムのど真ん中、市庁舎のすぐ脇や、マルメの街中の運河でもごく普通にカヤックを目にする。群島や地方まで足を伸ばせば、さらに特別な体験ができる。例えば、ヨーテボリの北、ノルウェーとの国境まで続くボーヒュースレン海岸 (Bohuslänskusten) 沖合の多島海は、シーカヤックにもってこい。北部なら、白夜のラップランド (Lappland) で川を渡ることも、ボスニア湾沿岸 (Bottniska viken) で世界遺産ヘーガ・クステン (Höga kusten) の断崖を眺めながら漕ぐこともできる。ヴァルムランド (Värmland) には、この国最長のクララ川 (Klarälven) や最大のヴェーネルン湖 (Vänern) がある。レンタルやツアー会社も多いので、ぜひ一度試してみるといい。

HÄSTAR   14

馬が自由に闊歩するストックホルムの街

　ストックホルムの街では、馬に乗って行き交う人々をよく見かける。王宮の騎馬隊や騎馬警官はもとより、一般人が緑の多いユールゴーデンや住宅地の車道分離帯を当たり前のように馬にまたがって通り過ぎていくのだ。そんな現代の大都市は、この街ぐらいではないだろうか？

　乗馬は、子どもから大人に至るまで女性たちに大人気。発音が想像し難い、ヤーデッ（Gärdet）のヘストーケリエット（Häståkeriet）に行けば、観光客でも乗馬体験ができる。ユールゴーデンでの初心者向けレッスンから馬で旧市街を観光できる上級者向けコースまで揃う。おしゃれで機能的な馬具や乗馬服を揃える新進ブランド、エクエストリアン・ストックホルム（Equestrian Stockholm）も要チェックだ。

www.hastakeriet.se（ヘストーケリエット W. C.）

STOCKHOLMS STADSHUS

15

ノーベル賞晩餐会の
舞台となる市庁舎

international.stockholm.se/the-city-hall/（ストックホルム市庁舎）

スウェーデンのシンボルである三つの王冠を尖塔に抱く鐘塔を持つレンガ造りのストックホルム市庁舎はメーラレン湖畔に立つこの街のシンボル。毎年恒例のノーベル賞晩餐祝賀会の会場として殊に名高い。ラグナル・エストベリ（Ragnar Östberg）が、欧州各地の名建築を参考に折衷様式で設計したその建物は、スウェーデンのナショナル・ロマンティック建築の傑作とされ、シベリア鉄道に乗って彼の地に辿り着いたかつての日本の建築家たちにも大きな感銘を与えた。広島世界平和記念聖堂などを手がけた村野藤吾は、「世界の名建築はパンテオンとこれだな」と語ったという。中央駅から徒歩圏内にあり、晩餐会場となる青の間、舞踏会場となる黄金の間、市議会場などが見学でき、夏期には、高さ106mの鐘塔の展望階にも上ることができる。そこからリッダーホルム島（Riddarholmen）を見下ろす景観は、ガムラスタンの中世の街並みなどとともにストックホルム観光の定番の一つとなっている。

CARL ELDH   16
市庁舎公園に佇む群像

　ストックホルム市庁舎の公園に立つ、右手を上げた男性像「歌 (Sången)」、それに向き合う女性像「踊り (Dansen)」、そして著名な3人の芸術家の像を手がけたのが、カール・エルド。中でも、作家アウグスト・ストリンドベリ (August Strindberg) は、彼が好んで手がけたモチーフだった。1897年から1904年まで、先進的な美術教育機関として女性や外国人にも門戸を開き、著名な美術家を多く輩出したパリのアカデミー・コラロッシに学んだが、最も大きく影響を受けたのは、オーギュスト・ロダン。ストックホルム市内のアトリエは、市庁舎と同じラグナル・エストベリの設計による特徴的な木造建築で、現在はミュージアム (Carl Eldhs Ateljémuseum) として一般公開されている。

CARL MILLES 17

スウェーデンを代表する彫刻家

　エルドと同時代を生きた、スウェーデンを代表するもう一人の彫刻家が、カール・ミレスだ。代表作に、ストックホルム・コンサートホールの前に立つギリシャ神話の吟遊詩人オルフェウス等の像、北欧民族博物館のグスタフ・ヴァーサ (Gustav Vasa) 像、ヨーテボリ市の象徴とも言える巨大なポセイドン像などがある。彼もまた、1897年チリへの経由地として立ち寄ったパリに魅せられてそこに残り、ロダンの工房で腕を上げ、名声を確立した。ストックホルム郊外のリディンゲ (Lidingö) の高台にある邸宅兼アトリエ、ミレスゴーデン (Millesgården) は、彼自身の作品が並ぶ彫刻庭園のみならず、注目の展覧会が開かれるギャラリーも備えており、ストックホルム訪問の折にはぜひ訪ねたい場所の一つ。

www.millesgarden.se (ミレスゴーデン)

SVENSKA SPRÅKET 18

スウェーデン人は何語を話すの？

　スウェーデン語は、ゲルマン語族に属し、かなりざっくりいうと英語とドイツ語の中間のようなイメージ。しかし、その響きは、そのどちらにも増して耳に心地よく感じられる。

　お隣のノルウェー語とは日本でいえば方言程度の違い。それぞれが自国語を話しても、十分に会話が成り立つ。デンマーク語も文法や語彙は似ていて、読むには苦労しないが、「喉の奥に熱いジャガイモを入れたまま喋っている」と揶揄される独特の発音に手を焼いて、「英語で話しましょう」となることもめずらしくない。一方、ウラル語族に属するフィンランド語は、主要な欧米語とは、全く系統が異なる。歴史的な経緯やスウェーデン系住民の存在もあって、フィンランドでもスウェーデン語は公用語の一つに指定されている。

KOLUMN

コラム①

MUMINTROLLET

ムーミンは
スウェーデン語
ネイティブ

　2018年の日本の大学入試センター試験の地理の問題にムーミンが登場。ツッコミどころの多い設問で議論を呼んだが、特に気になったのは、ムーミンとフィンランド語の組み合わせが、正解とされていたこと。原作者トーベ・ヤンソン（Tove Jansson）はスウェーデン語を母語とするスウェーデン系フィンランド人であり、ムーミンの原書もスウェーデン語で書かれているからだ。

　同設問でノルウェー語との組み合わせが想定されていた「小さなバイキングビッケ（Vicke Viking）」も、原作は、スウェーデン人ルーネル・ヨンソン（Runer Jonsson）がスウェーデン語で執筆した児童文学作品であったことも付記しておきたい。

Foto:『ムーミン谷の夏まつり（原書）』トーベ・ヤンソン（1954）

ASTRID LINDGREN　　　　　　　　19

「長くつ下のピッピ」で
世界を魅了したリンドグレーン

　スモーランド (Småland) 地方の田園地帯に生まれ育ったアストリッド・リンドグレーン（1907-2002）は、世界中にファンを持つ児童文学作家。子どもや動物の権利の擁護者として、あらゆる虐待に異議を唱え、反原発の推進者でもあった。

　作品は100ヵ国語以上に翻訳され、約1億6千万部以上を売り上げた。中でも1945年に発表した、型破りで力強い女の子ピッピが主人公の「長くつ下のピッピ (Pippi Långstrump)」は、単独で約6,000万部の売り上げを記録した。

　1971年には、演出：高畑勲、場面設計：宮崎駿、キャラクターデザイン：小田部洋一でのテレビアニメ化構想が進んでいたが、作家本人のOKが出ず、日の目をみることはなかった。

　ヴィンメルビュー (Vimmerby) 郊外ではリンドグレーンが幼少時代を過ごした家を訪ねることができ、ストックホルムのユールゴーデンには、作品の世界を駆け抜けるストーリー・トレインのある体験型児童文学テーマパーク、ユニバッケン (Junibacken) がある。

ALFRED NOBEL

20

アルフレッド・ノーベルと発明の伝統

　アルフレッド・ノーベルは、その遺産によって創設されたノーベル賞によって、世界一有名なスウェーデン人になった。ガスメーターに関する特許を手始めに350もの特許を取得した稀代の発明家で、不安定で危険だったニトログリセリンを安全に扱いやすくしてダイナマイトを発明したことで特に有名。これは、制御可能な爆破技術として、世界中で採掘や土木工事に使われるようになった。

　実業家としても才能を発揮し、100社近くを経営して巨万の富を築いた。軍事利用も可能だったため、「死の商人」と呼ばれたこともあり、それを気に病んだノーベルが死後の評判を気にして遺言に記したのがノーベル賞だったという。

　幼少時代をサンクトペテルブルクでも過ごし、正式な高等教育は受けていないものの、家庭教師についたり、パリや米国で学んだりした。米国滞在中には、スウェーデン出身で、蒸気船が航海中に排気する蒸気から水を作り出す復水器、ホットエアエンジン、魚雷など数々の発明で知られるジョン・エリクソン（*John Ericsson*）に師事したこともある。スウェーデン語の他に、英語、フランス語、イタリア語、ドイツ語、ロシア語に堪能だったが、恋愛には恵まれず、生涯独身のままその一生を閉じた。ストックホルムのガムラスタンには、ノーベル博物館（*Nobelmuseet*）があり、メダル型のノーベル賞チョコレートがおみやげとして人気だ。

コラム②

NOBELPRISET

ノーベル賞はだれが選ぶ？

KOLUMN

　ノーベル賞は、世界で最も権威ある賞として、毎年メディアで大きく取り上げられる。特に文学賞に関しては、近年、村上春樹の受賞を占い、一喜一憂するのが、風物詩にまでなっている。物理学賞、化学賞、経済学賞については、175名の外国人を含む600人以上の会員を有するスウェーデン王立科学アカデミーが選考にあたる。唯一、ノーベルの生前は連合王国としてスウェーデンに併合されていたノルウェーのオスロで授賞式が行われる平和賞については、ノルウェー・ノーベル委員会が選考を行う。そして、文学賞を選ぶのは、1783年に、スウェーデン語の純粋性や高尚さの維持とスウェーデン文学の発展のために設立されたスウェーデン・アカデミー (Svenska akademien)。当初から現在に至るまで、正規の会員数は18名。その性質上、スウェーデン人の言語学者、文学者、詩人、作家などで構成される。終身会員制で、原則として脱退はできず、欠員が出た場合にのみ新会員を選ぶことになっている。2018年、このアカデミーに激震が走った。会員の一人の夫のセクハラ疑惑を受けて、次々と会員が辞任を表明。その後も混乱は収まらず、2018年の文学賞は選考できる状態にないとして、2019年にまとめて2人を発表するという前代未聞の事態となった。その後、スウェーデンの民間団体ニュー・アカデミーが1年限定の新文学賞創設を発表し、村上春樹も最終候補に残ったが、同氏はこれを辞退している。

www.svenskaakademien.se/en (スウェーデン・アカデミー)

SELMA LAGERLÖF　　21

「ニルスのふしぎな旅」を書いたノーベル賞作家

　日本でTVアニメ化され、後にスウェーデンでも放送された「ニルスのふしぎな旅（Nils Holgerssons underbara resa genom Sverige）」は、セルマ・ラーゲルレーヴが、1906年に小学校の地理の副読本として書いた物語。1891年に故郷ヴァルムランド（Värmland）を舞台に書いた「イェスタ・ベルリングの伝説（Gösta Berlings Saga）」が高い評価を受け、サイレント映画の巨匠マウリッツ・スティッレル（Mauritz Stiller）監督、グレタ・ガルボ（Greta Garbo）主演で映画化された。以降も次々と人気作品を送り出し、1909年、女性として、そしてスウェーデン人として、初めてノーベル文学賞を受賞。1914年には同賞選考委員会を兼ねるスウェーデン・アカデミー初の女性会員に選ばれている。

KONSERTHUSET STOCKHOLM

22

ノーベル賞授賞式会場となる
コンサートホール

　映画館やデパートに囲まれたヒュートリエット（Hötorget）と呼ばれる広場の東側に建つ青い建物が、ストックホルム・コンサートホール。1926年のオープン以来ロイヤル・ストックホルム・フィルハーモニー管弦楽団の本拠地であり、毎年12月10日には、ノーベル賞授賞式の会場にもなる。イヴァール・テングボム（Ivar Tengbom）の設計による建築は、新古典主義の傑作とされ、カール・ミレスによる細身で背の高い彫刻たちが正面に立って来場者を迎える。この国の近代絵画の祖アイザック・グリューネヴァルド（Isaac Grünewald）が内装を手がけた小ホール、グリューネヴァルド・ホールもその美しさで知られる。音楽の殿堂たる優雅な存在感と広場に軒を並べる庶民的な青果市場が好対照だ。

TUNNELBANA   23

ストックホルムの地下鉄は、
世界一長いアートギャラリー

ストックホルムにあるスウェーデン唯一の地下鉄は、トンネルバーナと呼ばれ、1957年に開通した、市民生活や観光に便利な交通手段。現在駅の数は100あり、さらに延長が計画されている。ほとんどの駅にアーティストによる装飾や展示が施されているため、「世界一長いアートギャラリー」とも呼ばれる。

必見は、赤、緑、青の全三線が乗り入れる地下鉄中央駅（T-centralen）のブロー・リニエン（Blå linjen）と呼ばれる青線のホーム。洞窟のような構内と岩盤の有機的な形状を残した内壁は、1970年代に建設された駅の特徴で、中でも、白と青の塗料で工事作業風景（連絡通路階）や様式化された蔦（プラットホーム階）が描かれたこの駅は、その幻想的な色調の美しさや迫力で群を抜いている。

sl.se/en（ストックホルム公共交通機関）

NORRMALM

24

ストックホルムの中心の「北の島」

　ストックホルムの中心部にあたるのが「北の島」ノルマルム。その南部分の市街地は通称シティ（City）とも呼ばれ、その名の通りこの街で一番繁華街らしい雰囲気を持ったエリア。この地区には、ストックホルム中央駅があり、デパートやモール、各種ブランドの路面店が集中する他、クララ教会（S:ta Clara kyrka）、文化センター（Kulturhuset）、セルゲル広場、王立歌劇場、国立美術館などがある。一休みするには、王立公園や地下がフードコートになっているヒュートリスハーレン（Hötorgshallen）、優雅にフィーカできるヴェーテ・カッテン（Vete-Katten）、そして、カフェとギャラリーとセレクトショップが一つになったようなスニッカルバッケン7（Snickarbacken 7）などが、おすすめ。

www.kulturhuset.stockholm.se/English/（文化センター・市立劇場）

CITY BACKPACKERS   25

中央駅から歩いて行けるホステル

　ホステルは物価の高いストックホルムに長く滞在するための現実的な選択肢の一つ。1874年に建設された古いビルの中にありながら、一階のロビーからすでにおしゃれな雰囲気が漂うシティバックパッカーズは、重いバックパックを背負っていてもなんとか中央駅から歩いて辿り着けるくらいの距離にある。男女混合と女性専用のドーミトリー主体だが、トイレ共用の個室やバス・トイレ、キッチン付きの部屋も用意されている。各国からの旅行者と知り合って街の情報を交換するのもホステル滞在の楽しみの一つ。自転車やカヤックで市内を巡るツアーの申し込みもできる。隣には、小さいが雰囲気のあるレストラン＆バー、ノマード（Nomad）があり、スウェーデン名物のミートボールもおいしい。

CENTRALBADET

26

アール・デコのプールで
旅の疲れを癒す

　セントラルバーデットは、ストックホルム中心部にあるアール・デコ様式のスパ＆プール施設。ヴィルヘルム・クレミング（*Wilhelm Klemming*）の設計によるもので、その歴史は、1904年に遡る。雰囲気のあるプールは、本格的なトレーニングには向かないが、ゆったりと優雅に長旅で疲れた身体をほぐすには最適だ。ジャグジーやサウナも充実していて、スパでは、各種のマッサージやエステ・トリートメントが受けられる。サウナと言うと真っ先に連想されるのはフィンランドかもしれないが、スウェーデン人ももちろん大好き。社交やビジネスの場としても使われる。男女一緒に裸で入るのもめずらしくないドイツなどとは違って、北欧は通常は男女別。健康志向のレストラン、「エコバーレン（*Ecobaren*）」も併設され、自然に囲まれた庭で食事をとることもできる。
　よりモダンでラグジャリアスな雰囲気がお好みなら、エステルマルムにあるストゥーレバーデット（*Sturebadet*）を訪ねてみるといい。

http://sturebadet.se/en/（ストゥーレバーデット）

AT SIX

27

アートとデザインに
とことんこだわったホテル

　セルゲル広場からほど近い場所にある威圧的な風貌の巨大なビルの中に新たに誕生したのが、エレガントでアーティスティックなホテル、At Six。既存のアート・ホテルの枠にとどまらない美術館並みの本格派コレクションには、オラファー・エリアソン、ジュリアン・トビー、ジョン・スカリーなど名だたる現代アーティストの作品が名を連ねる。
　ロビーに入るとすぐに大きな女性の胸像が目を引くが、エレベーターの革巻きの手すりから浴室のアメニティー箱のデザインに至るまで、細やかなディテールにもこだわりが感じられる。ワインバーやリスニング・ルームも個性的。和食にインスピレーションを受けたレストランやオープン・テラスのバーがある併設のTAKもぜひ訪ねてみたい。

hotelatsix.com (At Six)　tak.se/en/ (TAK)

HOBO 28

ロビーでハーブを育てる
ファンキーなホテル

　At Sixに隣接するHOBOは、同じノルディック・チョイス・ホテルズ系列だけあって同様にセンスのよさを感じさせるものの、雰囲気はガラッと変わってファンキーでイージーゴーイングなホテル。一歩足を踏み入れると、ロビーでハーブを育てていたり、レンタサイクルが置いてあったり、遊び心に溢れた空間が待っている。レセプションのスタッフもカジュアルでフレンドリーな印象だ。共用ロビーも客室も趣向を凝らした個性的なデザインで、必要なアイテムは各自の好みと必要に応じて貸し出すシステム。ショップにも、ストックホルムの地図柄の傘や、マヤ・セフストロムのイラスト本など、こだわりのアイテムが並ぶ。5階の5emmanは、昼間はカフェ、夜はナイトクラブとして利用できる。

hobo.se (HOBO)

SERGELS TORG

市民の決意表明の場、
セルゲル広場

29

地下鉄中央駅の東側の出口を出ると、そこは、白とグレーの三角形の幾何学模様が目を引くオープンエリア、通称「プラッタン（*Plattan*）」。隣接する文化センターには、市立劇場や映画館、カフェやショップが入る。8万個のガラス片を組み合わせてつくられた37mの彫刻塔「クリスタル（*Crystal*）」が中心に立つ噴水を囲むこの一帯は、近隣にアトリエを構えていた18世紀の彫刻家ヨハン・トビアス・セルゲル（*Johan Tobias Sergel*）の名にちなんで、セルゲル広場と呼ばれている。日常的に待ち合わせ場所として利用される他、しばしば多くの人々が集う政治デモなど各種集会が開かれ、人々の決意表明の場となる。大規模なフラッシュモブなど気の利いたイベントの会場になることでも有名だ。

STORMAKTSTIDEN　　　　　　　　　30

バイキングとバルト帝国の時代

　日本人がスポーツの場などことあるごとに「サムライ」を持ち出すように、スウェーデン人も自らを「バイキング」と呼ぶことには、まんざらでもない。最も活発に活動したのは9世紀から11世紀にかけてのこと。
　一方、バルト三国やノルウェーの一部にまで領土を拡大し、バルト海沿岸地域に一大帝国を築いて勢力を極めたのは、「北のライオン」の異名をとったグスタフ2世アドルフ（*Gustav II Adolf*）が活躍した17世紀のこと。しかし、18世紀初頭にロシア帝国との大北方戦争に破れて崩壊。両国の確執はその後も繰り返されることとなる。

MEST ANSEDDA LAND　　　　　　　31

貧困国から世界一評判のよい国へ

　19世紀のスウェーデンは、欧州でも特に貧しい農業国に過ぎなかった。そんな背景の下、19世紀半ばから20世紀初めにかけて、約130万人（ほぼ5人に1人）が北米に移住している。20世紀に入ると、工業化の道を歩み、第二次大戦中に中立を保ち戦禍に巻き込まれなかったことが奏功して、目覚ましい経済成長を遂げた。100年ほどの間に貧しい農業国から経済的にも社会的にも最も豊かな国の一つへと発展したスウェーデン。2016年と2018年には、米国のデータテクノロジー企業による調査で、世界で「もっとも評判のよい国」に選ばれている。

INTERNATIONELLT BIDRAG 32

北欧の小国の大きな国際貢献

　国連第2代事務総長に就任したダグ・ハマーショルド（*Doug Hammarskjöld*）は、スエズ戦争中には第一次国連緊急軍を組織し、イスラエルとアラブとの関係改善にも尽力するなど指導力を発揮。凶弾に倒れたオロフ・パルメ（*Olof Palme*）首相も、国連の「軍縮と安全保障に関する独立委員会」委員長を務めた。中立を維持しながらも、紛争勃発時には、積極的に平和維持活動にも参加する。対外援助にも積極的で、DAC（OECD開発援助委員会）加盟国中、ODA（政府開発援助）は、総額で第7位、GNI（国民総所得）比では1位である（2017年）。

SÄKERHETSPOLITIK 33

非攻撃的防衛戦略で平和を維持する中立国

　中立国として知られるスウェーデンは、1814年以降戦争に参加しておらず、現在も公式には軍事同盟を結ばないことを謳っている。その防衛戦略はしばしばハリネズミに例えられ、冷戦時期は、ソ連はもとより、米軍のベトナム戦争介入を批判して対米関係も悪化する中、重武装中立政策を推進した。冷戦終結後は大幅な軍縮を進め、2010年には徴兵制も廃止したが、ロシアの脅威が再び看過できないレベルに達したとして2018年に復活。高度な技術力を背景に最先端の軍需産業を抱え、非人道的国家向けの武器輸出については、国内外で問題視されている。

RAOUL WALLENBERG 34

「スウェーデンのシンドラー」ワレンバーグ

　ラウル・グスタフ・ワレンバーグは、第二次大戦中にナチス・ドイツの迫害から多くのユダヤ人を救った、ドイツのオスカー・シンドラーや日本の杉原千畝と並び称される英雄だ。中立国スウェーデンから危険を承知でドイツ軍の占領下にあったハンガリーのブダペストへ赴任。ナチス兵たちの前でも一歩も引かず、ユダヤ人たちにスウェーデン名義の保護証明を配り続け、10万人もの命を救った。
　ナチスに代わって侵攻してきたソ連軍の司令部に向かう途中に消息を絶って以来その行方は謎に包まれているが、その功績は世界中で讃えられ、記念碑や映画などさまざまな形で後世に伝えられている。

MAKOTO ONODERA

ストックホルムで暗躍した「諜報の神様」

KOLUMN ③

　一方、第二次大戦中のストックホルムには、「諜報の神様」と呼ばれた日本人がいた。バルト三国の公使館などを経て、1940年にスウェーデン公使館に赴任した日本陸軍情報武官、小野寺信だ。ソ連軍の日本侵攻計画など貴重な情報を本国に送り続け、米国とは開戦すべきでないと進言したが、軍司令部は取り合わず、終戦時には戦犯として収監された。

　戦後は、日本の婦人運動にも大きな影響を与えた思想家・教育者エレン・ケイ (Ellen Key) の著作を、ムーミンの翻訳でも知られる百合子夫人と共訳するなど、スウェーデン文化・思想の普及に尽力した。2016年には、香川照之と薬師丸ひろ子の主演でNHKドラマ「百合子さんの絵本 〜陸軍武官・小野寺夫婦の戦争〜」が放送されている。

Foto: Museum Vest, section Fjell festning (creativecommons.org/licenses/by-sa/3.0)

KUNGSTRÄDGÅRDEN

市民の憩いの場、王立公園

　王立公園は、その南に位置する王宮に属する庭園だったのでこの名がつくが、今は市民のくつろぎの場として一般開放され、季節を越えて親しまれている。北側はNKやギャレリアンなどの商業施設がある通りハムンガータン (Hamngatan) に面しているので、ショッピングに疲れた時にちょっと一休みするのにもいい。5月には、1998年に日本から送られ

35

た63本の八重桜が咲き乱れ、暖かい季節になると、子どもたちが噴水の周りで遊ぶのを眺めながらアイスクリームをほおばる人たちの姿を目にする。冬にはスケートリンクも開設される。たとえ防寒帽やコートが必要な季節になっても、隣接するカフェなどで買ったコーヒーやスープをすすりながら、屋外席で過ごす人も多い。

OPERAN

36

伝説の歌姫たちが巣立った
王立歌劇場

　1773年に当時の国王グスタフ3世（Gustav III）によって設立された由緒あるオペラとバレエの殿堂。ここから巣立った最大の歌手は、1946年にこのステージでデビューを飾り、その後、ウィーン国立歌劇場、メトロポリタン歌劇場など世界中で絶賛を博した、20世紀を代表するソプラノ歌手、ビルギット・ニルソン（Birgit Nilsson）。2018年開催の生誕100年イベントは発売数分で完売し、映画館でのライブ・ビューイングも実施された。さらに遡って、19世紀最高のソプラノの一人とされたのが、「スウェーデンのナイチンゲール」の異名をとったジェニー・リンド（Jenny Lind）。最近では、映画「グレイテスト・ショーマン」でも印象的なシーンに登場した。

MATS EK

世界に影響を与え続けた
コレオグラファー

　王立歌劇場を本拠地とするスウェーデン王立バレエ団は、2013年、創立240年記念公演「ロミオとジュリエット」の振り付けを、古典の過激な新解釈で知られるコレオグラファー、マッツ・エックに依頼した。同作でジュリエット役に抜擢された木田真理子は、その踊りが評価され、「ダンスのアカデミー賞」とも呼ばれるロシアのブノア賞を日本人として初めて受賞している。エックは、スウェーデンを代表するバレリーナであった母ビルギット・クルベリ（Birgit Cullberg）主宰のクルベリ・バレエ団在籍中に手がけた「ジゼル」や「白鳥の湖」における斬新な振付と痛々しいまでの内面描写で注目を集め、その後も世界のバレエ界に影響を与え続けたが、2016年に自身の引退と自作の封印を発表した。

Foto:Carl Thorborg / Kungliga Operan

NATIONALMUSEUM 38

生まれ変わった国立美術館

www.nationalmuseum.se（国立美術館）

ノルマルムの南端、ノール運河（Norrström）をはさんで王宮の向かいに建つスウェーデン最大の美術・工芸ミュージアム。世界最古の美術館の一つに数えられる1792年設立の王立美術館に端を発し、現在の場所に移転オープンしたのは、1866年。王家の収集品を中核とする16世紀から19世紀末までの美術作品の他、16世紀から今日に至るまでの工芸・デザイン作品も所蔵する。2018年、5年にわたる大規模改修を経てリニューアル・オープン。生まれ変わった展示室はもちろん、新調された優雅な空間でのフィーカや食事も楽しみの一つだ。新装後最初の特別展は、北欧では初となる、米国出身の印象派の巨匠ジョン・シンガー・サージェントの回顧展で、大好評の内に幕を開けた。

FORMGIVNING OCH INREDNING

39

スウェーデン・デザインへのいざない

　北欧人気の重要な一端を担う北欧デザイン。素材を生かしたシンプルな機能性も自然をモチーフにしたキュートなパターンも、日本人の感性をくすぐり、家具のブリューノ・マットソン（*Bruno Mathsson*）、テキスタイルのスティッグ・リンドベリ（*Stig Lindberg*）等の作品は、時代を超えたファンを持つ。最新のトレンドを知るには、ストックホルム展示場（*Stockholmsmässan*）で開催される、1月と8月のフォルメックス（*Formex*）や2月の家具・照明フェアなどがおすすめ。シェップスホルメンには、1845年設立の世界最古のデザイン協会、スヴェンスク・フォルム（*Svensk Form*）がある。現在も雑誌の発行、デザイン賞の主催など精力的に活動を続けていて、日本との交流も盛ん。

GLASRIKET I SMÅLAND 40

スモーランド地方の「ガラスの王国」

　スモーランド地方のカルマル（Kalmar）とヴェクショー（Växjö）とを結ぶ地域は、18世紀からガラス産業が栄え、多くのガラス工房がある「ガラスの王国」。1724年創業のコスタ・ボダ（Kosta Boda）と1898年創業のオレフォス（Orrefors）が、その代表格だ。

　アン・ウルフ（Ann Wolff）のデザインによるコスタ・ボダのキャンドル・スタンド"スノーボール"は、お土産に最適。エリカ・ラーゲルビエルケ（Erika Lagerbielke）が手がけたオレフォスのグラスセットは、ヴィクトリア王太子ご成婚の際に国民からの祝いの品として献上された。

　この地域を訪ねる機会があれば、ガラス素材を生かした個性的なインテリアが自慢のコスタ・ボダ・アートホテルにも泊まってみたい。

www.kostaboda.co.jp（コスタ・ボダ）　Foto:Simon Paulin/imagebank.sweden.se

Foto:Jan Ainali (creativecommons.org/licenses/by-sa/3.0)

SKEPPSHOLMEN

これぞ「都会のオアシス」、シェップスホルメン

　王立公園から徒歩やバスでグランドホテルと国立美術館の前を通り過ぎ、王冠の飾りのある橋シェップスホルムスブロン (Skeppsholmsbron) を渡ると辿り着くのが、小さな「船の島」シェップスホルメン。右手に停泊するのは、現在はホステルとして利用されている帆船アフ・チャップマンだ。手前に佇む大砲などに戦略的要衝として軍の施設が置かれていた名残が見て取れるが、現在は、近代美術館 (Moderna Museet)、建築博物館 (Arkitekturmuseet)、アジア美術館 (Östasiatiska Museet)、王立美術

41

大学（*Kungliga Konsthögskolan*）などがひしめく「アートの島」として知られる。小高い丘の上に建つ教会も、今は、スウェーデンが生んだ世界的な合唱指揮者エリック・エリクソン（*Eric Ericsson*）の名を冠したコンサート・ホールに転用されている。

　スルッセン（*Slussen*）やユールゴーデンから渡船での往来も可能。中心街からすぐなのに、その喧騒を忘れて、周囲の島々の絶景を楽しみ、緑の島でアートに浸ることができる、これぞ「都会のオアシス」である。

MODERNA MUSEET 42

近代美術館で
"アートの現在"を感じる

　1958年に創立され、1998年にスペイン人建築家ラファエル・モネオの設計による現在の建物で再オープンしたストックホルム近代美術館は、ピカソやラウシャンバーグなど近現代を代表するアーティストの作品を所蔵し、意欲的な特別展を開催する、欧州を代表する美術館の一つ。同館での回顧展を契機に抽象絵画の先駆者として世界的に注目を浴びるようになったヒルマ・アフ・クリント (Hilma af Klint) と、シンプルでエニグマティックな抽象絵画で知られる現代作家アン・エドホルム (Ann Edholm) という2人のスウェーデン人女性画家の大作が、時代を超えて同じ部屋に展示されていたりする。対岸にユールゴーデンを眺めながら食事のできるカフェも居心地のいいランチスポットとして人気だ。

www.modernamuseet.se/stockholm/en/（ストックホルム近代美術館）

HOTEL SKEPPSHOLMEN 43

ホテル・シェップスホルメンで
非日常を満喫

　「都会のオアシス」たるシェップスホルメンを拠点に、少し贅沢な休暇を満喫するなら、迷わずホテル・シェップスホルメンに泊まろう。なんといっても魅力なのは、そのロケーション。朝夕にこの閑静な小島の周囲を散歩すれば、ガムラスタン、セーデルマルム、ユールゴーデンからエステルマルムまで周囲の島々の美しい景色を心ゆくまで楽しむことができる。橋でつながるさらに小さな島カステルホルメンからの眺めもおすすめだ。市内観光に繰り出すにもさして不便はない。

　17世紀に建造された歴史ある建物に斬新なデザインを散りばめた内装、居心地のいいテラス・レストラン、フレンドリーなサービスなど、ホテル自体もあなたの滞在を印象深いものにしてくれることだろう。

AF CHAPMAN

美しい帆船のホステル

シェップスホルメンに停泊する白く美しい帆船アフ・チャップマンは、ストックホルムの景観に欠かせないランドマーク。元々は英国で建造された船で、英国カンバーランドから米国ポートランドまでの処女航海に始まり、欧州、オーストラリア、北米西海岸などを往来した。1923年にスウェーデン海軍が購入した際に、「近代船舶工学の祖」として名高い18世紀のスウェーデン海軍士官フレデリック・ヘンリック・アフ・シャップマン（Frederik Henrik af Chapman）の名にちなんで現在の名前に改名された。1934年まで同軍の訓練船として航海し続け、今の場所に落ち着いたのは1937年のこと。

現在は、すぐそばに建つ旧海軍兵舎とともに、STF（スウェーデン観光協会）が管理する個性的なホステルとして利用されており、夏期には甲板から対岸のガムラスタンの眺めを楽しむことができる。

KUNGSHOLMEN   45

「王の小島」
クングスホルメンの湖畔を散策

クングスホルメン（*Kungsholmen*）は、ストックホルム市庁舎の建つ「王の小島」。市庁舎訪問後はすぐに他へと移動してしまう観光客が多いが、そのまま水辺を西へと進んで、遊歩道を歩いたり、カフェに立ち寄って行き交うヨットやカヤックを眺めたりして、ゆったりと過ごすのがおすすめの穴場だ。

　湖畔でランチを食べるオフィスワーカーや上半身裸でベビーカーを押しながらジョギングするパパなど、地元の人々の暮らしぶりに触れることができる。セーデルマルムへとつながる大きな橋ヴェステルブロン（*Västerbron*）は、ストックホルム・マラソン最大の難所としても知られ、その袂では若者たちがスケートボードに励む姿が見られる。一般開放されているストックホルム警察署内のプールで泳いでみるのも一興かもしれない。

MÄLARPAVILJONGEN 46

「水の都」の湖畔で一杯

　メーラレン湖畔にあるメーラパヴィリョンゲンは、湖や季節の花々を間近に感じながら、グラスを傾けたり、食事をしたりするのにおすすめの場所。

　ストックホルム市庁舎を訪ねた後、そのまま水辺を西へと歩いて行くといくつものレストランやカフェバーがある、その内の一軒だ。

　水上に張り出したデッキや花に囲まれたガーデンなどで、自然を感じながらゆっくりできる。

　メニューには、エビのサラダやオープンサンド、ニシンのグリル、ミートボールなどスウェーデンの定番料理が並び、かわいいラベルのオリジナル地ビールもある。

malarpaviljongen.se（メーラパヴィリョンゲン）

MAJA SÄFSTRÖM   47

キュートな動物イラストがブレイク中

　マヤ・セフストロムは、ストックホルム在住の建築家出身のイラストレーター。動物たちにまつわる興味津々のトリビアを集めたイラスト・ブック「動物たちにまつわる素晴らしき本当の話（*Fantastiska fakta om djur*）」は、英語版がNYタイムズのベストセラー・リスト入りした他、ドイツ語やイタリア語など各国語に翻訳され、日本語版の準備も進行中。ストックホルムに行くと、大手書店で推薦書として平積みされていたり、ヒップなホテルのロビーに並んでいたりして、その人気の高さがうかがえる。クングスホルメンに、自身のショップも構える。フォロワー15万人超のインスタグラム・アカウントや通販サイトもあるので、気になる方は、ぜひのぞいてみよう。

INTERVJU: TAKENARI YAMAMORI

インタビュー　山森健成

⊙ **スウェーデンといえば？**

10年ほど前であれば、社会福祉国家、ノーベル賞、ABBAといった答えが浮かんだと思いますが、現在では、IKEA、H&Mをはじめ、きりがないほど多くのブランドや著名人が思い浮かぶ、日本人にとっても近い存在。

⊙ **スウェーデンのよいところ　悪いところ**

フィーカを学校、仕事、生活の1コマに取り入れている社会形態。日本人との気質が似ていて、スウェーデン人の友人宅に遊びに行ったとしても、まるで自分の家にいるかのような居心地の良さを感じられるところ。困るのは、郵便・宅配サービスの不便さ。自宅への再配達はなく、重い荷物をかなり離れたところまで自分で受け取りに行かなければならない羽目になることも。スウェーデン人は恥ずかしがり屋で、打ち解けるまでに時間がかかることはよく知られていますが、一旦仲良くなってからもこちらから積極的に働きかける必要があります。

⊙ **日本と似ているところ、　違うところ**

感謝の言葉をよく言うところ。バスの降車時やスーパーのレジでも、「タック（Tack)！」（ありがとう）という言葉をいつも耳にします。一方、謝る頻度は日本ほど多くなく、すれ違いざまに肩がぶつかった時も、「オイ(Oj)！」（「あら」、「おお」といった感じの感嘆詞）ですまされることが多いです。

⊙ **勘違いされていると　思うことは？**

人権人道国家、高福祉社会、男女平等、スウェーデンの枕詞は非常に肯定的なものが多く、確かに相対的に見ればその通りなのですが、現実には、移民・難民受入問題、自殺問題、セクハラ問題等多くの問題が顕在化しています。ゆえに「理想郷」という言葉は適当

ではないのかもしれません。

● **スウェーデンのおすすめ**

ラウル・グスタフ・ワレンバーグ。第二次世界大戦中にハンガリーのユダヤ人に対してビザ（保護証書）を発給し続け、10万を超える命を救った外交官。「命のビザ」で有名な杉原千畝氏と同じ様に、敬意を表すべき偉大な人物です。

● **知られざる魅力は？**

「国民高等学校」と訳されることの多いフォルケホイスコーレ（P41）は、主に北欧に見られる成人教育機関。社会に強制されることなく、自主的に、「自分は何がしたいのか」を考える時間と機会を与えてくれる「人生の学びの場」です。

● **スウェーデンや北欧が
社会先進国となりえた理由**

政治教育やサークル活動ならびにフラットな社会構造が挙げられます。小学生の頃から各政党の意見を勉強しロールプレイングをする時間があり、高校生になると学校で講演に来た政治家と実際に討論することもあるそうです。また、学生による政治活動グループも一般的で、政治について考えることが日常の一部にもなっています。政治家との距離も近く、「企業の役員と話すより、首相と話すほうが気が楽」と考える人も多いようです。そのような環境で育った若者が政治家になることで、限りなく国民の要望に寄り添った北欧の政治社会制度が達成されているのではないでしょうか。

在ノルウェー日本大使館所属外交官。中学生の時に、姉妹都市の恩恵を受けスウェーデンへ。その後、大阪大学及びスウェーデンの国民高等学校にてスウェーデンの言語及び社会を学ぶ。NPO団体 北欧ヒュゲリジャパンの一員として、北欧勉強会も開催。北欧5か国の首都マラソン完走。大会運営や路上での応援等からも、「北欧」と一まとめにされがちな各国の国民性の差異を見て取ることができたという。

INTERVJU:
RUTH HEMSTAD

インタビュー
ルース・ヘムスタッド

⦿ スウェーデンといえば？

　スウェーデンは、ノルウェーの歴史に大きな意味を持っています。1814年から1905年の間、両国はスウェーデン優位の条件で同じ国王の下に統合されていたからです。この時代の両国の関係は不平等なものでした。この経験がノルウェーにおいてはナショナリズムの高揚に寄与した一方、スウェーデン側の歴史観からはその記憶がかなり抜け落ちてしまっています。私の研究は、そうした共通の歴史の中の見落とされている部分に光をあてる作業でもあります。ちなみに、現在は、両国はほぼ平等かつ良好な関係を保っています。

⦿ スウェーデンのよいところ、悪いところ

　隣国であり、一時は同じ国だったわけですから、スウェーデンとノルウェーは、とても多くの点で似ています。でも、それが、小さな、しかし重要な違いをより興味深いものにしているのだと思います。例えば、スウェーデンが長い歴史を持つ独立国で、現在も貴族の伝統の名残があるのに対し、ノルウェーは何世紀にもわたってデンマークやスウェーデンに併合されていた歴史を持ち、より早期に民主運動が芽生えました。

　個人的には、スウェーデンという国も、その文化も人々も大好きですし、多くの友人や仕事仲間がいます。以前、1905年の同盟解消記念日に取材を受けた時には、「スウェーデンがノルウェーをより素晴らしい国にしています」と答えたくらいです。なぜなら、そこから、私たちノルウェー人は、旅行や娯楽、友情、研究などいろいろな面で恩恵を受けることができ、しかもノルウェー語さえ（多かれ少なかれ）通じるのですから。

⦿ 他の北欧諸国や欧州諸国との違いは？

　基本的には、スウェーデンとノルウェーを含む他の北欧諸国とは、

文化や社会制度など多くの点で似ています。その特徴の一つとして、民主主義が発達していて、国民の代表としての政府と国民との距離が近いことが挙げられると思います。違いが大きいのは、そのような北欧の国々と、国民と政府の間の信頼関係が薄い南欧諸国とを比べた時です。

◉ 勘違いされていると思うことは？

スウェーデン人も他の北欧人も一見冷たくシャイに見えて、友達になるのは難しいかもしれません。でも一旦友達になってしまえば、ほとんどのスウェーデン人は、暖かくて、やさしくて、誠実な人たちです。

◉ スウェーデンのおすすめ

ストックホルムは、素敵な場所がたくさんある美しい街です。私の好きな場所は、国立図書館とその周辺の公園であるフムレゴーデン。そしてもちろん、北欧民族博物館、スカンセン、ヴァルデマーシュッデなどの素晴らしい施設のあるユールゴーデンを忘れることはできません。

◉ とっておきのおすすめは？

エウシェン王が1900年頃住んでいたヴァルデマーシュッデのリビングのフラワーアレンジメントは最高ですよ。特に、春にここを訪れた時にその花々が放つ香りの素晴らしさといったら。みなさんにお伝えするだけの価値がある、とっておきの秘密といえるのではないでしょうか。

ノルウェー国立図書館研究司書とオスロ大学歴史学准教授を兼任するノルウェー人。1990年代から北欧研究ネットワークに参加し、19世紀のスウェーデン＝ノルウェー連合王国やスカンジナビア情勢に関する著書多数。現在、「1815-1900年の北欧諸国における公共圏と表現の自由」研究プロジェクトの共同リーダーを務める。

DJURGÅRDEN 48
王室の狩猟場だったユールゴーデン

　自然豊かなストックホルムにあって、ひときわ緑に恵まれているのが、かつて王室の狩猟場だった「動物の庭」ユールゴーデン。緑が茂り、運河が通う広大な島の中に大小さまざまなミュージアムや大邸宅などが点在する。無骨なフォルムのカクネス塔 (Kaknästornet) は、155mと北欧一の高さを誇るランドマーク。かつては、展望階から市内を一望することができたが、惜しまれつつ2018年に一般開放を終了した。
　散策やランニング、乗馬にももってこいの島なので、時間に余裕があれば、文化施設を訪ねるだけでなく、自然の中でゆったりと過ごす時間もぜひ予定に組み込んでほしい。中心部の繁華街からトラムやバスに乗って、滞在先ホテルによってはジョギングでも、こんなに気軽に行ける場所にこんなに豊かな自然があることの贅沢を実感できるに違いない。

www.kaknastornet.se/eng/ (カクネス塔)

VASAMUSEET OCH NORDISKA MUSEET

49

歴史に思いを馳せる二つの博物館

　ヴァーサ号は、17世紀にスウェーデンを大国へと押し上げたグスタフ2世アドルフの命により、当時世界最強の戦艦として、ストックホルムで建造された。ところが、あまりに装飾過多で重心の高い不安定な構造のため、1628年に入水するや否や沈んでしまう。貴重な銅製の大砲などはすぐに回収されたものの、本体が引き上げられたのは、1961年になってからのこと。幸いにしてかなりの程度原型が残っており、入念な復元作業を経て1988年に公開された。すると、一躍人気を博し、ヴァーサ号博物館は北欧で最大の入場者数を誇るミュージアムとなった。
　隣接する北方民族博物館は、16世紀から今日に至るまでの北欧の人々の暮らしぶりを展示する博物館で、興味深い特別展も多く開催される。

www.vasamuseet.se/ja（ヴァーサ号博物館）　Foto:Melker Dahlstrand/imagebank.sweden.se

WALDEMARSUDDE OCH THIELSKA GALLERIET

50

優雅な環境で北欧美術を愛でる

　ヴァルデマーシュッデは、エウシェン王（Prins Eugen）の邸宅を美術館として公開したもの。大邸宅である母屋とギャラリー棟、マナーハウスなどから構成される。エウシェン王自身、当時を代表する風景画家であり、その代表作も所蔵品に含まれている。オーギュスト・ロダンやカール・ミレスの作品が並ぶ庭園も素晴らしい。ティールスカ・ギャラリーもまた、素晴らしい環境の中に佇む。金融界の大物でアートのパトロンでもあったエルネスト・ティール（Ernest Thiel）の邸宅を美術館として公開したもので、自然や動物をモチーフにした画風に日本画との強い親和性を感じさせるブルーノ・リリエフォルス（Bruno Liljefors）やノルウェーの画家エドヴァルド・ムンクなどの作品が並ぶ。

www.waldemarsudde.se/in-english/（ヴァルデマーシュッデ）

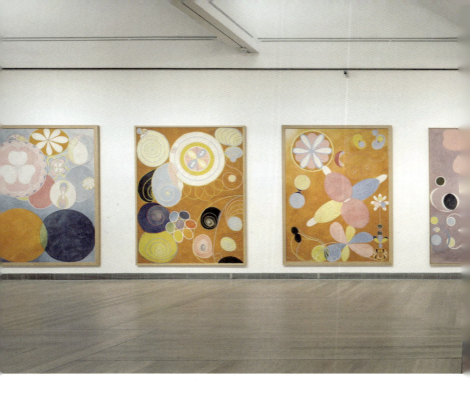

HILMA AF KLINT

抽象絵画の先駆者ヒルマ・アフ・クリント

　従来の美術史において抽象絵画の創始者とされてきたマレーヴィチ、カンディンスキー、モンドリアン等に先駆けて、20世紀初頭に抽象絵画を描いていた女性が、1862年ストックホルムに生まれたヒルマ・アフ・クリント。神秘主義の影響の下、1,000枚以上におよぶ作品を残した。中でも、巨大なサイズのポップでカラフルな作品群は今見ても時代を超

hilmaafklint.se/hilma-af-klint-foundation/（ヒルマ・アフ・クリント財団）

51

えて新鮮な驚きを与えてくれる。1986年にロサンゼルス・カウンティー美術館企画の「芸術における霊的なもの」展に作品が出展され、2013年ストックホルム近代美術館開催の回顧展で注目を集める。さらに欧州各地での展示を経て、2018年「未来のための絵画」と題された全米初となる個展がニューヨークのグッゲンハイム・ミュージアムでオープンした。

Foto: Åsa Lundén / Moderna Museet-Stockholm

TYRA KLEEN

「自由な精神」を生きたトゥーラ・クレーン

　自らを生まれながらの「放浪者にして冒険家」と語るトゥーラ・クレーンは、外交官の娘として生まれ、19世紀末のドレスデン、カールスルーエ、ミュンヘン、パリ、ローマに学び、1909年に帰国するまでの日々をローマで過ごしたコスモポリタンで自由奔放な女性。

　象徴主義の美術家として、数々の印象的な絵画・版画作品を残しただけでなく、自作の記事や有名作家の文学作品の挿絵を担当したり、人智学に没頭したりと多才ぶりを発揮。女性運動誌に執筆するジャーナリストとしても活躍した。

　その好奇心は欧州の枠にとどまらず、アジア各地を訪れ、ジャワ島やバリ島では、そこで目にした色鮮やかな衣装を身に纏った踊り子たちを繊細な水彩画に描き残している。

　彼女が残した作品の一部は、生前クレーンが住んでいたヴァリンゲ・ゴード（Valinge Gård）が所蔵しており、予約制で見学することができる。

52

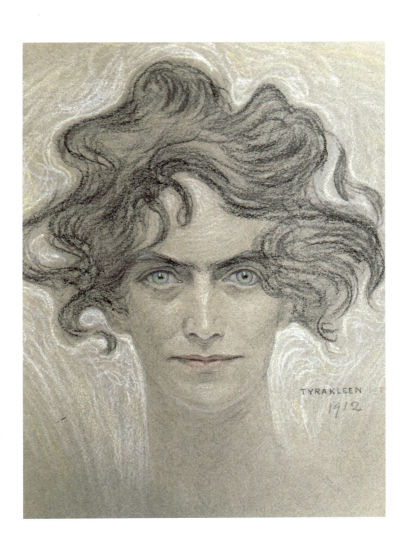

ANDERS ZORN

53

スウェーデン印象派の巨匠

　ダーラナ地方ムーラ（Mora）出身の印象派の画家、アンデシュ・ソーンは、ストックホルムの王立美術アカデミーで学んだ後、欧州各地を訪ね、マドリッドやパリでも高い評価を受けた。1893年米国へ渡ると、肖像画家として実業家や政治家の間で評判を呼び、時のルーズベルト、タフト両大統領の肖像画も手がけている。

　帰郷後は、自然の中で昔ながらの暮らしを営む地元の人々の暮らしを穏やかに、かつ優美に描いた。オルセー美術館やメトロポリタン美術館などに作品が収蔵されている他、近年もサンフランシスコ、ニューヨーク、パリなどで回顧展が開催されている。故郷ムーラでは、旧邸と隣接するソーン美術館を訪ねることができる。

zorn.se（ソーン美術館）

CARL OCH KARIN LARSSON 54

スウェーデンで一番有名な家

　ソーンと同時代を生きたカール・ラーションもまたフランスに留学し、当時流行していたジャポニズムや印象派の影響を受けた。長年の紆余曲折を経て、国立美術館の中央階段ホールを飾ることとなった「冬至の生贄（Midvinterblot）」など大作も手掛けたが、とりわけ愛されているのが、自身の家族の暮らしを暖かい目で描いた作品たち。その舞台が、故郷ダーラナ地方にある"リッラ・ヒュトネース（Lilla Hyttnäs）"と呼ばれる邸宅で、現在は、カール・ラーション・ゴーデン（Carl Larsson Gården）として公開されている。画家出身の妻カーリンがインテリア・デザインの多くを手掛け、カールの絵を通じて、「スウェーデンで一番有名な家」になった。2018年には、日本で24年振りとなる回顧展も開催されている。

SVENSK POP/ROCKMUSIK

55

世界第3位の音楽輸出国

　スウェーデンは、米英に次ぐ世界第3の音楽輸出国。合唱の伝統、公立音楽学校の充実、高い英語力、トレンドに敏感なこと、国をあげての音楽産業振興などが、その成功の理由として挙げられている。ロクセット（Roxette）、エース・オブ・ベイス（Ace of Base）、ザ・カーディガンズ（The Cardigans）、ロビン（Robyn）、メイヤ（Meja）等が次々とヒット曲を生み出した。インディー系では、リッキ・リー（Lykke Li）がカルト的なフォロワーを持ち、HR/HM系では、イングウェイ・マルムスティーン（Yngwie Malmsteen）、ヨーロッパ（Europe）、アーチ・エネミー（Arch Enemy）、イン・フレイムス（In Flames）等が日本でも高い人気を博す。2018年、DJ Aviciiが夭折し、世界中のファンに衝撃を与えた。

Foto: Lykke Li by Rebecca Dougan (creativecommons.org/licenses/by/2.0)

コラム ④

LÅTAR OM STOCKHOLM
OCH GÖTEBORG

街を歌った名曲たち

KOLUMN

　ストックホルムの歌といえば、モニカ・ゼタールンドのスウェーデン語版「歩いて帰ろう (Sakta vi gå genom stan)」が有名だが、今の若者たちが真っ先に思い浮かべるのは、ヴェロニカ・マッジオ (Veronica Maggio) の「セルゲル広場 (Sergels Torg)」やKentの「コロンブス (Columbus)」かもしれない。ヨーテボリの歌なら、ホーカン・ヘルストロム (Håkan Hellström) の「僕のために悲しまないで、ヨーテボリ (Känn ingen sorg för mig Göteborg)」で決まりだろうが、ティモ・レイセネン (Timo Räisänen) の「いつもそばに (Aldrig långt bort)」やマイヤ・ヒラサワ (Maia Hirasawa) が英語で歌う「ゴセンバーク (Gothenburg)」も郷愁を誘う名曲だ。他にも、時代やジャンルを超えて、数々の歌が作られ、愛されている。

ABBA

ABBAを語らずして、
スウェーデンは語れない

　ストックホルムで結成されたABBAは、1974年から1982年にかけて世界中のヒットチャートで首位を記録、ポップ音楽史上最も成功したグループの一つとなった。1974年に、欧州で圧倒的な人気を集めるユーロビジョン・ソングコンテストで「恋のウォータルー（Waterloo）」を歌い、スウェーデンに初めての優勝をもたらしたことが、その発端。

　引退後も人気は衰えることを知らず、ミュージカルや映画版の「マンマ・ミーア！」などを通じて、新たなファンも獲得。2013年には、ユールゴーデンにアバ・ザ・ミュージアム（ABBA The Museum）が開館。2021年、40年振りに新曲を発表して世界中のファンを歓喜させた。2022年には、ロンドンで最新技術を駆使した新形式のコンサートが予定されている。

MONICA ZETTERLUND　　57

北欧中が愛したジャズの女王

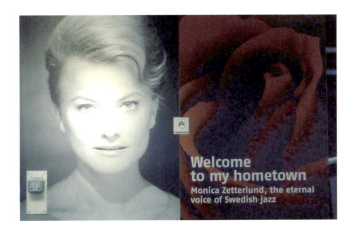

　1963年のユーロビジョンでストックホルム賛歌ともいうべきジャズ・バラード「ウインター・シティ（En gång i Stockholm）」を歌ったものの、同コンテストの傾向とは曲調が合わず、1点も獲得できずに最下位に終わったのが、北欧中で愛されたスウェーデンを代表するジャズ・シンガー、モニカ・ゼターールンド。米国ジャズの名曲カバーや自国の作曲・作詞家による楽曲を主にスウェーデン語で歌った。数多くの世界的ミュージシャンと共演を果たし、1964年にビル・エヴァンスと録音した「ワルツ・フォー・デビィ（Waltz for Debby）」が代表作。2013年にはシンガー・ソングライターのエッダ・マグナソン（Edda Magnason）主演で伝記映画「ストックホルムでワルツを（Monica Z）」が公開された。

www.toei-video.co.jp/special/stockholm-waltz/（「ストックホルムでワルツを」）

MAX MARTIN OCH PELLE LIDELL

58

ビルボードやJ-POPヒット曲を
生み出すスウェーデン人たち

　1990年代以降、バックストリート・ボーイズ、セリーヌ・ディオン、テイラー・スウィフト等のヒット曲を次々と生み出してきたスウェーデン人をご存知だろうか？　マックス・マーティンという作曲家兼プロデューサーだ。ビルボードNo.1に輝いた曲の数では、ポール・マッカートニー、ジョン・レノンの2人に次ぐ史上3位の座を占める。H&Mとのコラボも話題になった安室奈美恵や、EXILE等のJ-POPや少女時代、BoA等のK-POPにも、多くのスウェーデン人が楽曲を提供している。その立役者が、ブリットニー・スピアーズ、クリスティーナ・アギレラ等のヒット曲を送り出してきた音楽出版界の重鎮で、2017年にEKKOミュージック・ライツ社を共同設立したペレ・リデルである。

Foto: Max Martin by Näringsdepartementet (creativecommons.org/licenses/by/2.0)

おすすめ音楽セレクション
TOPPLISTA - POPLÅTAR

01 『Öppna landskap』Ulf Lundell (1982)
「スウェーデンのディラン」。作家でもある。この歌を国歌にとの声も。

02 『Sommartider』Gyllene Tider (1982)
ロクセットのペール・ゲッスルが在籍した「黄金時代」という名のバンド。

03 『Vem tänder stjärnorna』Eva Dahlgren (1991)
歌詞もロマンチックな珠玉のバラード

04 『För kärlekens skull』Ted Gärdestad (1993)
数々の名曲を残し、41歳で自殺。2018年には伝記映画が公開された。

05 『Utan dina andetag』Kent (1997)
2016年に解散した国内最高の人気バンド。結婚式でも人気の曲。

06 『Undantag』Bo Kaspers Orkester (1998)
クールでキャッチーな楽曲を繰り出すジャズ・グループ。

07 『Jag kommer』Veronica Maggio (2011)
キャッチーなメロディーと共感呼ぶ歌詞で人気のポップ・プリンセス。

08 『Sammy Davis Jr.』Movits! (2011)
ヒップでスウィンギーな三人組。度々来日も果たしている。字幕にも注目。

09 『Händerna mot himlen』Petra Marklund (2012)
セプテンバー名義で世界的成功を収めた後、本名でスウェーデン語に戻る。

10 『Det kommer aldrig va över för mig』Håkan Hellström (2013)
伝記映画「ソング・フォー・イェーテボリ」も公開されたこの街の英雄。

スウェーデン語曲限定／ポップ・ヒット中心

GRÖNA LUND OCH LISEBERG

59

スウェーデン最古と北欧最大の二つの遊園地

　グルーナ・ルンドは、ユールゴーデンにある1883年開業のスウェーデンで一番古い遊園地。市の中心部に近く、地上121mと世界一の高さを誇る回転ブランコ"エクリプス（Eclipse）"など一部のアトラクションでは、スリルを満喫しながら空高くからストックホルムの絶景を眺めることができる。5月から9月の間は、国内外の人気ミュージシャンのライブ会場としても利用される。

　ヨーテボリにも、年間300万人が訪れる北欧最大の遊園地リセベリがあり、特に木製のローラーコースター"バルデル（Balder）"は、同園を代表する人気アトラクション。2018年には、50mの垂直降下を含む欧州最長のダイブコースター"ヴァルキューリア（Valkyria）"が、新たな目玉ライドとしてデビューしている。

SKANSEN

60

過去と現在が出会う世界初の野外博物館

　同じくユールゴーデンにあるスカンセンは、スウェーデン各地から民家を移築・復元して、1891年に世界初の本格的な野外博物館としてオープン。その後、各地で建造された野外博物館の模範となった。19世紀の人々の暮らしも再現されており、スウェーデンに住む動物たちを中心に集めた動物園も併設している。

　伝統行事のある日にストックホルムに居合わした時にも、ここを訪ねれば、間違いない。スウェーデン人たちがどのようにその祝日を祝っているのかを体験することができる。夏の"アルソング (Allsång på Skansen)"も、国民的人気行事。有名ミュージシャンを迎えて観客とともに人気曲を合唱するコンサートで、夏至祭の後の8週間にわたり毎週火曜日の夜に開催され、公共放送でもTV中継される。

www.skansen.se/ja/（スカンセン）

ROSENDALS TRÄDGÅRD 61

居心地のよいローゼンダール城の庭園

　エコでビオなスウェーデンを視覚と味覚で体験できるのが、ローゼンダール・トレードゴード。ユールゴーデンに王家の別荘として建てられたローゼンダール城の庭園だが、現在はローゼンダール財団の管理の下、バイオダイナミック農法を使って花や野菜が育てられている。

　「農場から食卓へ」というコンセプトを身近に体現していて、畑で採れた野菜やハーブを使ったオーガニック料理や薪と石窯で焼くベーカリーのパンを、テラスや芝生の上、温室内のカフェなどで食べることができる。家族や友人と、ゆったりと居心地のよい時間を過ごすのに最適な場所だ。ただし、この国らしく、キャッシュレス決済を採用しており、現金は使えないのでご注意を。

rosendalstradgard.se（ローゼンダール庭園） Foto: Katja Halvarsson/Stiftelsen Rosendals Trädgård

ANNORLUNDA HOTELL 62

変わり種ホテルの宝庫

　世界初の氷のホテルでも有名なスウェーデンは、変わり種ホテルの宝庫。アーランダ空港そばにはジャンボジェット機を改装したホテルがあり、ストックホルムには、帆船や監獄を改装したホステルがある。メーラレン湖に浮かぶ、寝室部分が水中にありガラス窓から魚たちを見ることができるホテルもあれば、スウェーデン中部の炭鉱を改装した世界一深い地下155mの地中にあるホテルもある。高所からの景観がお望みなら、バルト海に浮かぶエーランド島には泊まれる灯台も。中でも一押しは、北部ラップランドの森の中にあるツリーホテル (Treehotel) だろうか。それぞれ独立した「止まり木」ならぬ「泊まり木」のような各部屋のデザインも秀逸で、一生忘れられない体験となること間違いない。

www.treehotel.se (ツリーホテル)　Foto:US Embassy Sweden (creativecommons.org/licenses/by/2.0)

DALARNA

スウェーデン人の心の故郷、ダーラナ

　ダーラナ地方は、スウェーデンらしい風景が広がる、民族音楽や伝統行事が盛んな土地で、「スウェーデン人の心のふるさと（Sveriges hjärta）」として知られる。ストックホルムからは列車で3時間ほど。鉱業と林業が主な産業で、ファールン（Falun）には、良質の銅を産出する銅鉱山がある。スウェーデンを代表する光景である緑の森に佇む赤い小屋は銅の

生産時に取れる"ファールンの赤（faluröd）"と呼ばれる染料に由来する。ダーラナの中央部には、シリアン湖（Siljan）などの美しい湖がある。レクサンド（Leksand）で開催されるスウェーデン最大の夏至祭には、国内外から2万人もの観光客が集まり、冬はセーレン（Sälen）などのスキーリゾートが賑わう。

DALAHÄST

スウェーデンの象徴ダーラヘスト

　ダーラナ地方発祥の木彫りの馬は、この国の象徴として愛され、おみやげとしても大人気。その起源は17世紀に遡り、1939年のニューヨーク世界博覧会を契機に、スウェーデン名物として認知されるようになった。

　名産地ヌースネス（Nusnäs）には、グラナス・オルソン（Grannas Olsson）が1922年に設立した現存する最古の制作工房と、その6年後に弟たちが設立した工房（Nils Olsson）があり、どちらも見学可能。有名な赤い地塗りの馬の他、青や白などを基調としたデザインや豚や鶏の形をしたモデルもある。

　現代的なバリエーションとしては、アンナ・ヴィクトリア（Anna Viktoria）のデザインによるストーンウェア製の馬や、大胆な線描でシルエットをあしらったマグカップなども人気だ。

www.grannas.com（グラナスA.オルソン・ヘムスロイド）　www.nilsolsson.se（ニルス・オルソン）

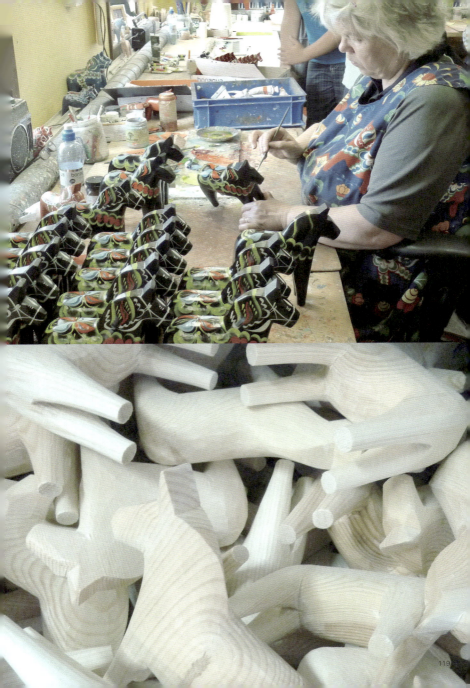

FOLKMUSIK OCH DANS 65

未来志向の国に息づく民族音楽

　スウェーデンの民族音楽の主流は、19世紀初めに始められた、弦楽器で演奏されるダンスミュージック(spelmansmusik)で、打楽器を使わないのが特徴。バイオリンの他に、ニッケルハルパ (nyckelharpa)と呼ばれる多くの共鳴弦を持つ独特な弦楽器もあり、日本にも愛好家組織がある。1960年代半ばにスウェーデンにおける民族音楽リバイバルが始まり、1980年代にはその主流をなすポルスカダンス (polska)の人気が再燃。現在は、学校教育に組み込まれて体系的に学べるようになったことで、若くして演奏技術に優れた奏者が増えている。民族音楽の流れを汲み、日本でも人気のグループには、アカペラのクラヤ (Kraja)やフジロックでも人気を博したレーヴェン (Räfven)などがある。

www.nyckelharpajapan.com（日本ニッケルハルパ協会）

MIDSOMMAR 66

太陽を待ちわびる人々の夏至祭

　長い冬の間を通して太陽を待ちわびる北欧の人々にとって、1年で最も日照時間の長い日を祝う6月の夏至祭の週末は、クリスマスに次ぐ重要な年中行事。現地の人たちは、自然の中でこの日を満喫しようとこぞって群島や田舎へと出かけるため、街は空っぽになる。

　豊穣のシンボル、メイポール (majstång) を立て、その周りでフォークダンスを踊るのだが、定番はなぜかフランスから伝来した"小さなカエル (Små grodorna)"という曲。女性たちは花飾り (blomsterkrans) を編んで頭に載せ、食卓には伝統料理とシュナップスが並ぶ。デザートは苺のケーキ。ロマンスや子宝に恵まれる日ともされるが、一人で眠りに就くなら7種類の花を摘んで枕の下に敷いて寝ると結婚相手の夢を見るという。

Foto:Vilhelm Stokstad/imagebank.sweden.se

TRADITIONER

季節を彩る伝統行事

　スウェーデンの祝日にはキリスト教にちなむものが多く、特に、クリスマス (jul) やイースター (påsk) は、家族で過ごす重要な休日だ。

　他にも特色ある伝統行事は多く、4月30日のヴァルボリの夜 (Valborgsmässoafton) は、かがり火を焚いて春の訪れを祝う催しで、特に大学街で盛り上がる。

　6月の夏至祭は、クリスマスに次ぐ大切な祝日。8月には、シュナップスをあおり、ゆでザリガニを食べるザリガニ・パーティー (kräftskiva) が開かれ、北部では、「世界一臭い食べ物」といわれる発酵ニシン、シュールストレミング (surströmming) の缶詰が開けられる。

　聖マルティネスの日前夜 (Mårtensafton) にあたる11月10日の夜は、南部のスコーネ地方を中心にガチョウ料理で秋の収穫を祝う。

Foto: Patrik Svedberg/imagebank.sweden.se

かつては農産地とはいえ決して食文化の豊かな土地ではなかった北欧も、いくども「世界一のレストラン」の座に輝いたデンマークのノーマなどに牽引され、世界の食通たちの注目を浴びる場所となった。この地域ならではの素材と感性を生かした料理の発展に大きな役割を果たしたのが、北欧の14人のシェフたちが2004年に発表した「新しい北欧料理のマニフェスト」。参加者の一人で「料理のオリンピック」ボキューズ・ドール優勝経験者のマティアス・ダールグレン（Mathias Dahlgren）は、グランドホテルにも店を構える。2018年には、名門フランツェン(Frantzén)がスウェーデン初のミシュラン3星を獲得。ユールゴーデンのオクセン・クロッグ＆スリップ(Oaxen Krog & Slip)も評判だ。

NY NORDISK MAT　　　　　　　　　　　68

ストックホルムで
世界が注目する新北欧料理を

www.newnordicfood.org（新しい北欧料理のマニフェスト）　Foto:Oaxen Slip & Krog

WHITE GUIDE

北欧のミシュラン、
"ホワイトガイド"

　スウェーデン滞在中に本格的な「食べ歩き」を計画しているなら、2005年にストックホルムで出版が開始された「北欧のミシュラン」ともいうべき"ホワイトガイド"を読むといい。料理40、飲物・サービス・雰囲気各20の合計100点のポイント制で各店を格付け、革新性や個性も重要な評価対象とされる。
　国内のレストラン版に加えて、カフェ版や、バルト三国も含む北欧版も発行されていて、英語やウェブでも情報を得ることができる。同誌の北欧トップ30ランキングでスウェーデン勢最高の2位の座を占めていたエスペラント（*Esperanto*）が、2018年に財政上の理由で突如閉店し、多くのファンを悲しませるなど、変化の激しい業界なので、常に最新の情報をチェックしておきたい。

http://www.whiteguide.com（ホワイトガイド）

SMÖRGÅSBORD　　　　　　　　　　70

バイキング料理として知られる
スモーガスボード

　大切な祝日には、伝統料理がずらりと並ぶビュッフェ"スモーガスボード (smörgåsbord)"が欠かせない。日本には、「バイキング料理」として紹介された。冷たい魚料理から始め、ハムやチーズ、サラダ、暖かい肉料理の順で、毎回皿をかえて食べ進める。魚料理の定番は、ニシンの酢漬け (inlagd sill) や塩やディルで味付けした生サーモン (gravad lax)。肉料理なら、ポークリブ (revbensspjäll) やリンゴンベリーのソースをかけ、マッシュドポテトを添えるのがスウェーデン流のミートボール (köttbullar)。アンチョビ入りのポテトグラタン「ヤンソンさんの誘惑 (Jansons frestelse)」も有名だ。主食には、おいしいと評判の小ぶりなゆでジャガや塩入りバターを塗ったクラッカー状のパン (knäckebröd) をいただく。

Foto:Alexander Hall/imagebank.sweden.se

ALKOHOLDRYCKER

楽しくも複雑なお酒事情

コラム ⑤

　夏至祭、ザリガニ・パーティー、クリスマスなどのテーブルに欠かせないのがショットグラスであおるアクアヴィットなどの度数の高いお酒。"シュナップス (snaps)"または"ヌッベ (nubbe)"と呼ばれる。一杯毎に酒宴歌を歌ってから飲み干す習わしがあるので、有名な一曲目の"ヘーラン・ゴー (Helan går)"だけでも覚えておこう。

　飲酒問題対策として、本格的なアルコール飲料は、営業日時が限られた国営専売店システムボーラーゲット (Systembolaget) でしか買えないのでご利用は計画的に。それでも、ビールやワインなどを含め品揃えは驚くほど豊富。ちなみに、キオスクの棚や日替わりランチのメニューでも見かけるライトビール（lättöl）は、2.25％以下の低度数のものだ。

KOLUMN

www.systembolaget.se（システムボーラーゲット）　127

BRÄNNVIN

「燃やしたワイン」と呼ばれる蒸留酒

　スコーネ地方は、スピリッツの名産地でもある。"スコーネ アクアヴィット"は、ヨーテボリの"O.P. アンダーソン（O.P. Anderson）"と並んで、香草で味付けされたジャガイモの蒸留酒アクアヴィット（akvavit）の中でも特に人気の高い銘柄。1980年代にアンディ・ウォーホールやキース・ヘリング等の有名アーティストを広告に起用して世界的に有名になった"アブソルート ウオッカ（Absolut Vodka）"もスコーネのメーカーだ。ストックホルムのユールゴーデンにあるスピリッツ・ミュージアム（Spritmuseum）には、同社のアート・コレクションも展示されている。アクアヴィットやウォッカなどの蒸留酒は、「燃やしたワイン」を意味する"ブレンヴィーン（brännvin）"と総称される。ちなみに、スコーネでは通常のワインの生産も行われているので、こちらも一度お試しを。

ARDBEG EMBASSY 72

旧市街でジビエと
至極のシングルモルトを

　アードベッグといえば、ピートが香り立つクセのある風味で人気のスコットランド、アイラ島のシングルモルト・ウイスキー。その「ストックホルム大使館」の名を冠されたパブ・レストランが旧市街ガムラスタンにある。入り口のバーの脇を抜けて奥に進むと意外と広くて、店内は落ち着いた雰囲気。

　メニューには、ニシンやホッキョクイワナなどのシーフードからトナカイやヘラジカなどのジビエまでスウェーデンらしい料理が並ぶ。ゴットランド島（Gotland）産の生ビールなど24ものマイクロブリュワリーのクラフトビールが揃い、ウイスキーに至っては約230種類のシングルモルトが揃う驚きの品揃え。希少な年代ものや樽から飲めるものなどここでしか味わえないウイスキーも多い。

MALMÖ

73

デンマークと橋で結ばれた
第三の都市マルメ

　スコーネ地方はスウェーデンの最南部にあたり、人口34万人ほどのスウェーデン第三の都市マルメは、デンマークの首都コペンハーゲンと橋でつながっている。かつてデンマーク領だったこともありデンマーク語に近いスコーネ方言 (Skånska) は、訛りがきつく聞き取りづらい方言の代名詞とされる。欧州大陸から一番近い国境がある街マルメには多くの難民が入国するため、無法地帯と化しているという扇情的な報道が海外メディアを中心に見受けられるが、誇張されているケースが多い。近隣のルンド (Lund) とともに若者の多い大学街としても知られ、ボスニアとクロアチアからの移民を両親に持つサッカー選手ズラタン・イブラヒモヴィッチ (Zlatan Ibrahimovic) の故郷でもある。

BRON

74

デンマークと共同制作の
大ヒットTVシリーズ

　スウェーデンの脚本家とデンマークの制作スタッフがタッグを組んだ「THE BRIDGE/ブリッジ」は、マルメとコペンハーゲンをつなぐオーレスン橋（Öresundsbron）を舞台に幕を開けるクライム・ミステリー。橋上の国境線で、上半身はスウェーデン側、下半身はデンマーク側に置かれた女性の切断遺体が見つかる。共同捜査にあたるのは、情報分析に優れるが冷徹なマルメ警察の女性刑事と社交的で情に厚いコペンハーゲン警察の男性刑事。それぞれの自国語で会話を交わし、スウェーデンでの放送にはデンマーク語に字幕がつく。世界中でヒットを記録し、メキシコ国境を舞台にした米国版、英仏海底トンネルが舞台の英仏版、エストニア国境で展開する露版にリメイクされている。

Foto:Janus Langhorn/imagebank.sweden.se

MYS OCH LAGOM 75

「ラーゴム」は、
第二の「ヒュッゲ」になれるか?

　デンマークに移住した英国人ジャーナリスト、ヘレン・ラッセルの著書『幸せってなんだっけ? 世界一幸福な国での「ヒュッゲ」な1年』の出版を契機に、2016年以降、世界中で"ヒュッゲ"ブームが巻き起こった。スウェーデン語で同様に居心地のよさを表す言葉には、「ミュース (mys)」があり、「まったり金曜日」といった意味の「フレーダスミュース (fredagsmys)」という習慣もある。北欧発の次のキーワードとして注目を集めるのが、「ラーゴム (lagom)」。「(多過ぎず、少な過ぎず) ちょうどいい」とか「ほどほど」といった意味で、中庸を美徳とするスウェーデンを代表する価値観。競争や成功のためにあくせくせず、皆がほどほどに幸せに、という北欧的ライフスタイルを読み解く鍵と目されている。

KOLUMN

コラム⑥

JANTELAGEN

「ヤンテの掟」の功罪

　"ヤンテの掟(Jantelagen)"は、「自分を特別だとか、他人より優れていると思うな」という主旨の教えで、スカンジナビアの人々の集団志向のメンタリティを表す言葉としてよく持ち出される。その起源は、デンマーク出身の作家アクセル・サンデモーセ(Aksel Sandemose)が1933年にノルウェー語で書いた小説に登場する架空の町ヤンテにおける10ヵ条の掟。

　「世界一幸せな国」リストの上位を北欧諸国が占めるにあたり、その秘密を解く鍵の一つとして、成功や競争よりも平等を愛でる価値観、謙譲の美徳などと肯定的に語られることが多いが、「出る杭は打たれる」という村社会的側面もあるため、現地では、独自性やイニシアチブを持って時代に適応し続けるため、このメンタリティからの脱却を唱える声も多い。

Foto:Melker Dahlstrand/imagebank.sweden.se

GAMLA STAN

76

中世の街並みが美しい
ガムラスタン

　「旧市街」を意味するガムラスタンは、中世の街並みが残るストックホルム観光の定番の一つ。その中心をなすのはストックホルムの始まりとなった島、スターズホルメン島（Stadsholmen）で、1時間もあれば歩いて一周できるほどの大きさ。王宮（Kungliga slottet）やストックホルム大聖堂（Storkyrkan）、ドイツ教会（Tyska kyrkan）など見所は多く、フィンランド教会（Finska kyrkan）の裏庭にひっそり佇む小さな彫刻アイアンボーイ（Järnpojke）も隠れた人気者。対岸からの景観も美しく、船上から南岸を眺めれば、正に「水上に浮かぶ街」の様相を呈す。クリスマスが近づくと、「大広場」ストールトリエット（Stortorget）に大きなツリーやマーケットが立ち、さらに幻想的な雰囲気が漂う。

KUNGLIGA SLOTTET   77

世界最大級の王宮

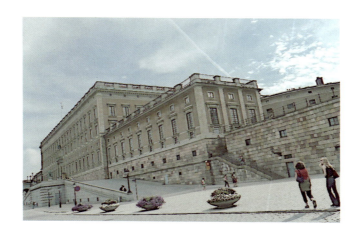

　スターズホルメン島の北側を占める王宮は、国王一家が1981年にドロットニングホルム宮殿（Drottningholms slott）に居を移すまで王家の公邸だった。今も執務室はここに残り、国家元首としての儀式を執り行う際の舞台となっている。600以上の部屋があり、現在も本来の目的に使用されている宮殿としては世界最大級を誇る。13世紀にビルイェル・ヤール（Birger Jarl）が建設した要塞に端を発し、「3つの王冠」の尖塔にちなんでトレー・クローノル（Tre Kronor）と呼ばれた城へと増築された。17世紀にバロック様式に改築されるも、1697年の火災で大部分が焼失。18世紀に現在の姿に再建された。宮殿内の一部の部屋や博物館、礼拝堂などが公開されており、女性を含む近衛兵の交代式も人気だ。

KUNGAHUSET   78

国民から近い人間味あふれる王室

　立憲君主制をとるスウェーデン王室は、政治的権力を持たず、国の象徴としてさまざまな役割を担う。平等社会における王室の存在を矛盾視する声もあり、2010年に発覚した国王カール16世グスタフ (*Kung Carl XVI Gustaf*) のスキャンダルを受けて一時は支持率が50％を割り込むまでになった。それでも、国民との距離の近さは特筆に値し、国王が自ら学業成績の悪さを自嘲気味に語ったり、街中を運転したり、移民問題の深刻化を受けて「私も移民の子孫ですよ」と語るなど、王家の人々も人間味あふれる存在として、国民の愛情や批判の対象となる。特にヴィクトリア王太子 (*Kronprinsessan Victoria*) は人気が高く、愛くるしい王女、王子とともに、王室人気再浮上の切り札として期待されている。

www.kungahuset.se（スウェーデン王室）　Foto: Anna-Lena Ahlström/The Royal Court of Sweden

VÄRLDSARV NÄRA STOCKHOLM

ストックホルム近郊の世界遺産

　現在スウェーデンにあるユネスコ世界遺産の数は15。最初に登録されたのが、「北欧のベルサイユ」とも呼ばれるドロットニングホルム宮殿だ。市内からは、市庁舎前を発着する船に乗るか、地下鉄とバスを乗り継いで40〜50分で行くことができる。ストックホルム近郊では、「森の墓地」を意味するスコーグスシュルコゴーデンとバイキング時代の遺跡が残る「ビルカとホーヴゴーデン」がある。森の墓地へは、同名の地下鉄駅を降り、菩提樹の並木を歩いて辿り着く。「北欧近代建築の父」グンナール・アスプルンド（Gunnar Asplund）が、シーグルド・レヴェレンツ（Sigurd Lewerentz）とともに自然の地形を生かして設計したこの広大な墓地は、「人は死ぬと森に還る」という死生観が感じられる場所だ。

スウェーデンの世界遺産
VÄRLDSARV I SVERIGE

○ 文化遺産 — KULTURARV

ドロットニングホルムの王領地	Drottningholms slott, Ekerö
ビルカとホーヴゴーデン	Birka och Hovgården, Ekerö
エンゲルスベリ製鉄所	Engelsbergs bruk, Fagersta
タヌームの岩絵群	Hällristningsområdet i Tanum
森の墓地	Skogskyrkogården, Stockholm
ハンザ同盟都市ヴィスビュー	Hansestaden Visby, Gotland
ルレオのガンメルスタードの教会街	Gammelstads kyrkstad, Luleå
カールスクローナの軍港	Örlogsstaden Karlskrona
エーランド島南部の農業景観	Södra Ölands odlingslandskap
ファールンの大銅山地域	Falun och Kopparbergslagen
ヴァールベリの無線局	Grimeton Radiostation, Varberg
シュトルーヴェの測地弧	Struves meridianbåge
ヘルシングランドの装飾農家群	Hälsingegårdar

○ 自然遺産 — NATURARV

ヘーガ・クステンとクヴァルケン群島 — Höga kusten, Ångermanland

○ 複合遺産 — SAMMANSATT ARV

ラポニア地域 — Laponia, Lappland

北部ラップランドの山岳地帯、バルト海に浮かぶエーランド島やゴットランド島、西部のターヌムの岩絵群、南部のカールスクローナ軍港など広く全土に点在する。

KYRKOR

80

教会は美しきランドマーク

　宗教心の薄いスウェーデンでも、教会は、美しい文化遺産として大切に修復され、愛されている。ストックホルム市内にも、王立公園と王立歌劇場の間に立つ赤い壁が目を引く聖ヤコブ教会（Sankt Jacobs kyrka）や1270年建設の修道院を改築したこの街最古の建物の一つで市庁舎の塔からの眺めも美しいリッダーホルム教会（Riddarholmskyrkan）など多数の印象的な教会がある。

　電車で40分ほど離れたウプサラのシンボルであるゴシック建築の大聖堂（Uppsala domkyrka）は、北欧最大級の教会建築。マルメからほど近いルンドの大聖堂（Lunds domkyrka）は、12世紀に建てられたロマネスク様式の石造りの教会だ。スウェーデンの全国投票で「1950年以前に建てられた最も人気の建物」に輝いた北部のキルナ教会（Kiruna kyrka）は、1912年にゴシック・リバイバル様式で完成した個性的な教会で、スウェーデン最大の木造建築の一つ。

RELIGION 81

人道主義が宗教に優先する社会

　スウェーデンは、伝統的にキリスト教ルター派に属し、国民の6割ほどが、福音ルター派のスウェーデン教会（Svenska kyrkan）の教会員である。しかし、毎日曜日に教会を訪れるような敬虔な信徒は少なく、教会自体も同性愛を認めるなど進歩的なことで知られる。宗教が、信教の対象としてよりも、むしろ洗礼や葬儀などの儀式、年中行事や文化遺産として息づいている点は、日本の状況と似ている。一方、移民の増加を受け、イスラム教徒の数が、2017年時点で約80万人にまで増えている。

　信教の自由が法律で保障されている一方、宗教の強制をよしとせず、人権や男女平等の原則はどんな宗教にも優先するという立場から、現政府は、学校教育から宗教の影響を排除する方針を明確に打ち出している。

1950〜1970年代のスウェーデンは、急進的な女性解放運動の先鋒であり、映画などでの過激な性描写でも世界に衝撃を与えた。当時、社会主義が進展しNATO加盟を拒否するこの国を苦々しく思う米大統領アイゼンハワーは、「フリーセックスと高い税金と自殺」の国と評している。しかし、1980年代以降、性産業は女性や子どもを不当に搾取していると国内の空気は一変。現在では、ポルノ産業や風俗街はほぼ姿を消している。売春ではなく買春した側が罰せられるのも特徴的。1955年世界に先駆けて性教育を義務教育に導入した国でもあり、宗教上の理由等でタブー視せず、人間としての自然な営みとして性を捉えるので、合意によるセックスや個人の性的嗜好には寛容な一方、性差別や虐待には厳しい目が向けられる。

KOLUMN

コラム⑦

SEX

フリーセックスの今は昔

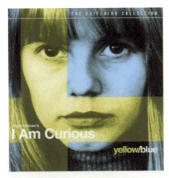

Foto:『私は好奇心の強い女 イエロー/ブルー編』ヴィルゴット・シェーマン (1967)

SLOTT

82

名城や要塞を訪ね歴史に思いを馳せる

　ストックホルムの60kmほど南、メーラレン湖に面したマリエフレード (Mariefred) に建つグリプスホルム城 (Gripsholm slott) は、船からの眺めも壮観なルネサンス様式の城。現在は、肖像画コレクションのあるミュージアムとして公開されている。ヨーテボリの約20km北のクングエルヴ (Kungälv) はかつての国境で、当時のノルウェー王が建設したボーフス要塞 (Bohus fästning) は、中世の北欧を代表する名建築だ。中部の交易の街で川の中の小島に建てられ、行き交う船を監視してきたオレブロー城 (Örebro slott) も人気の城。バルト海に浮かぶエーランド島の世界遺産エケトープ (Eketorps borg) では、バイキング時代に増築され、20世紀に再構された、鉄器時代まで遡る要塞を見ることができる。

RIKSDAGEN

83

国民の代表としての国会の今後に注目

　王宮に隣接する島ヘルゲアンズホルメン島（Helgeandsholmen）には、立法府リクスダーゲンの議事堂（Riksdagshuset）がある。スウェーデンの国会は一院制で、349人の議員が比例代表制によって4年に一度改選される。国民の関心は非常に高く、投票率は毎回80%を超える。

　かつては、現在もかろうじて第1党にとどまる社会民主労働党が、長期政権の下、「国民の家（Folkhemmet）」を掲げて福祉国家の礎を築いたが、1968年以降は単独政党が過半数を占めることはなく、与党は常に連立政権だ。2018年の選挙の結果、中道左派と中道右派のブロックがわずか1議席差となり、各党党首との協議を経て議長が指名した現役首相の続投が、議員投票で不信任となるなど不安定な現状を露呈した。

GOTLAND

84

バルト海に浮かぶ中世の島

www.almedalsveckan.info（アルメダーレン週間） medeltidsveckan.se/en/（中世週間）

ゴットランド島は、バルト海に浮かぶスウェーデン最大の島で人気の観光名所。その名は、「ゴート族の地」を意味し、中世にはバイキングが支配した。中心都市ヴィスビュー（Visby）は、ハンザ同盟時代の砦や城壁など多くの歴史的建造物が残る美しい街で、世界遺産に指定される。ストックホルムの旧市街とともに、ジブリ版「魔女の宅急便」の舞台のモデルとなったことでも知られる。

　毎年第27週には、ヴィスビューの公園の名を冠したアルメダーレン（Almedalen）という政治の祭典が開催され、各党の政治家が来島してセミナーを開く。パルメ首相が夏にここで演説をしていたことに端を発し、2018年に第50回を迎えた国内最大の政治フォーラムだ。

　8月初旬には、大規模な中世フェスティバル（Medeltidsveckan）が開催され、当時の衣装を身に纏った人々で街中が映画のセットの様相を呈す。

OFFENTLIGHETSPRINCIPEN 85

公文書公開の原則と報道の自由

　政府への高い信頼は、それを支える制度があってこそ。1766年には、世界で初めて報道の自由が認められ、公文書公開の原則は、政治腐敗の防止に大きな効力を発揮してきた。公費の領収書もすべて閲覧可能。国境なき記者団による2017年の報道自由度ランキングでは世界第2位。国民の「代理人」として、行政機関を監視するオンブズマン（*ombudsman*）制度もこの国の発祥だ。一方、個人情報公開の範囲も広く、一般人の住所や電話番号もネットで検索でき、所得情報も入手可能。診療情報のデータベース化も進み、医学研究に活用されている。

TIDNINGAR 86

最古の新聞と地下鉄で配るフリーペーパー

　1635年発刊の政府発行紙"郵便および国内新聞（*Post- och Inrikes Tidningar*）"は、現在も発刊中の世界最古の新聞（現在は電子版のみ）。唯一の全国版朝刊紙として最大の発行部数を誇るのが、1864年発刊の"ダーゲンス・ニュヘテル（*Dagens Nyheter*）"。ディベート面（*DN Debatt*）は、世論形成に大きな影響力を持つ。カラー印刷で写真の質も高く、街の文化・行楽情報が載る別冊ポ・スタン（*På Stan*）も雑誌並みのボリューム。欧州初の日刊フリーペーパー"メトロ（*Metro*）"は、1995年ストックホルムの地下鉄で配布が開始された後、各国に広まった。

RADIOTJÄNST 87

公共放送の革新的PRキャンペーン

　2009年、ネット上で自分の写真をアップすると、すぐに短編動画の中に取り込まれ、自分が主人公として登場する「英雄（*Hjälte*）」という本格的短編動画が再生できるという最先端の仕組みの特設サイトが登場。セルゲル広場など市内数カ所では、一般市民が、突然大勢の人々から実名入りの歌で受信料支払いを感謝されるこの国最大規模のフラッシュモブも敢行された。これらは、公共放送の受信料徴収会社ラジオ・サービス（*Radiotjänst*）が、公共放送の重要性をPRするためのキャンペーンとして実施したもので、世間をあっと言わせ、大成功を収めた。

SVERIGES EGET NUMMER 88

スウェーデンの"誰か"と話せる電話番号

　"スウェーデンの電話番号"は、2016年に世界で初めて設けられた「国の電話番号」で、世界のどこかから、+46 771 793 336に電話すると、スウェーデンのどこかに住む"誰か"にランダムにつながるというユニークな試み。応答者は事前登録制だが、特別な審査はなく会話内容も自由で、国民一人一人が民間大使という考えを実践する、いかにもこの国らしい企画だった。すでに終了済だが、この国の世界初の検閲廃止250周年を記念してスウェーデン観光協会（*Svenska Turistföreningen*）が実施したもので、各国で話題を集め、世界的な広告賞も受賞した。

```
INTERVJU:
PER STYREGÅRD

インタビュー
ペール・シュトューレゴード
```

◉ スウェーデンといえば？

自然。平等。

◉ 日本といえば？

世界有数の魅力的で多彩な食文化。おもてなしと効率。

◉ スウェーデンのよいところ、悪いところ

爽やかで温暖な夏と凍てつくような寒さの冬に象徴される、はっきりとした季節の移り変わり。一方、「ヤンテの掟」と呼ばれる慣習（P133）は、あまり好きではありません。

◉ 他の北欧諸国との共通点と相違点は？

共通点も多いですが、違うところも結構多いんです。産業で言えば、ノルウェーは、石油、造船、漁業で潤い、デンマークは食品生産や輸出で成功しています。政治状況、食文化、アートシーン、音楽、文学、どれをとっても、それぞれに特色があります。ノルウェー人は私たちよりずっと王室を尊敬しています。そして、スウェーデン人よりずっと労働時間が少ないんですよ。

◉ 日本とスウェーデン・北欧諸国の共通点と相違点は？

北欧と日本の食文化には多くの共通点があります。海産物を中心とした素材、酢漬けや発酵食などの保存技術など。そして、スウェーデンの一流シェフの多くが日本食の影響を受けているんです。日本とスウェーデンは、テクノロジーやエンジニアリングに力を入れている点も似ていますね。

◉ 勘違いされていると思うことは？

長年にわたる寛容な移民政策の結果、一般に信じられているよりもずっと多様な人種・民族構成の社会になりました。その恩恵を受けた今日のスウェーデンは、さまざまな人々が暮らし、文化的な多

様性を持つ刺激的な国なのです。

◉ **スウェーデンのおすすめ**

ファッション界には、ローデビェル（Rodebjer）やリトル・リフナー（Little Liffner）、香水のバイレード（Byredo）などまだ知名度が追いついていない素晴らしいブランドがいくつもあります。ストックホルム群島は、季節にかかわらず、独特な魅力を湛えています。食文化なら、ゴットランド島のサフランパンケーキ、北部イェムトランド地方のゴートチーズ、そしてヨーテボリの南北に広がる素晴らしい西海岸のシーフードを忘れることはできません。

◉ **知られざる魅力は？**

スウェーデン人は社交的でないと思われていますが、そうでもないですよ。外国人と話をするのも大好き。ちょっとしたきっかけさえ作ってあげれば大丈夫です。多文化社会となったスウェーデンでは、食も多様性を増しています。ストックホルムでエチオピア料理を楽しむならゴジョ（Gojo）、バルセロナ料理ならクングスホルメンのマトコンスラーテット（Matkonsulatet）がおすすめです。

◉ **スウェーデンや北欧が社会先進地域国となりえた理由**

スウェーデンでいえば、社会民主党が長年政権についていた時代に、生活の質を重視した福祉政策を推進したこと。伝統的な家族が比較的弱い一方で、政府が高い税金を賢く使って国民の面倒を見てきたことも、男女平等が進んだ理由の一つでしょう。北欧が、平等、福祉、民主主義などの面で多くの地域より進んでいることは事実ですが、まだまだ克服すべき課題も多く残っています。

テレビ出演なども多い有名なフード＆ワイン・ジャーナリストであり、講演者、司会者、編集者も務める。日本と日本文化の大ファン。
styregard.com/blog/

```
INTERVJU:
FLORENT PELLISSIER

インタビュー
フロロン・ペリシエ
```

◉ スウェーデンといえば？

子どもの頃のわたしにとって、金髪碧眼の人たちが小さな赤い小屋に住む、フランスと北極の間のどこかにある遠い国でした。今でもそれが典型的な絵葉書のイメージだと思います。

◉ スウェーデンのよいところ、悪いところ

生活の質の高さが真っ先に挙げられます。家族のための制度、快適な職場環境や公共スペースなど、人々が快適に暮らせるようによく考えられ、運用されています。

天気さえよければ、本当にいいところです。でも、秋や冬は厳しいですよ。慣れてなくて、何を着たらいいかわかっていない人たちにとっては特に。11月から1月末にかけての暗さは誰にでもこたえますね。

あと、時々、スウェーデン人はもっと自由に臨機応変に振る舞えないものかと思うこともあります。すべてが、計画的に、お決まりのパターンで、合意の下に実施されるんです。ただ、みんなが合意形成に参加するので、一旦決まってしまえば、スムーズに事が運び、大きなサプライズや争いはありません。これが、社会全体にも反映されていると感じます。

税金がとても高いのはもちろん悩みのタネですが、高福祉社会に必要なのは理解できますし、使途がはっきりしているので不満はないですね。

とはいえ、最近の政治家を見ていると、今一度、教育、医療・福祉、警察や法制度、インフラ、年金など優先順位の高い項目について長期的なビジョンをすり合わせる時期にあると感じます。このままでは、現在のスウェーデンの高い評判がいつまで続くか心配です。

◉ 勘違いされていると思うことは？

欧州以外に住む人の中にはスウェーデンとスイスを混同している

人が結構いますね。

そして、スウェーデン人がみんな青い目の金髪というわけではありません！

⦿ スウェーデンのおすすめ

凍った海や湖でのクロスカントリー・スケート。新氷の上でのスケートは魔法の様な体験ですよ。北スウェーデンでのスキーや白夜のハイキング。ソフィー・サレンブラント（Sofie Sarenbrant）等の犯罪小説。ストックホルム群島やヨーテボリ群島でのワンデー・クルーズ。

⦿ とっておきのおすすめは？

バルト海に浮かぶエーランド島の暖かい夏の日のビーチ。

スウェーデンのチョコレートといってもピンと来ないかもしれませんが、フランスに帰った時に恋しくなるのは、スーパーで買えるマラボーのヘーゼルナッツの板チョコ（Marabou Schweitzernöt）です。

⦿ スウェーデンや北欧諸国が社会先進国となりえた理由

歴史的に、「国家」対「民衆」という図式の大きな革命がなかったことが挙げられると思います。ここでは、国家は常に多かれ少なかれ国民の側にあったのではないでしょうか。だからこそ、国民からの信頼も厚く、福祉や平等のための政策が実現したのだと思います。

1994年に出身地フレンチアルプスのゲレンデで運命的にスウェーデン人女性と出会い、結婚を機に移住。以降、人生の半分をスウェーデンで過ごし、国籍も取得（フランスとの二重国籍）。海外出張も多いドイツ系産業機器メーカーのグローバルマーケティング部長として、さまざまな文化や宗教の人たちと触れ合う機会を持った。現在は、スウェーデン北部に本社を置き、世界市場で評価の高いバッテリー充電器メーカーCTEK社のCMOに就任。

ALLEMANSRÄTTEN   89

自然を愛する北欧の権利

「自然享受権」は、北欧に古くからある慣習法。公有地、私有地にかかわらず、誰でも自然の中に入って、その恵みを享受することができるというもので、スウェーデンでは憲法で保障されている。

このおかげで、気兼ねなく森の中を散策して、ベリーやキノコ、草花を摘んだり、湖で泳いだりすることができ、テントを張って野宿をすることも可能。ただし、民家やその庭、畑などには近づかず、土地の所有者や他人、動物などに配慮し、自然を破壊しないことが前提となる。

政府と観光業界の共同出資によるVisit Swedenでは、この権利を海外にPRして外国人観光客の誘致につなげようと、2017年にはスウェーデンの国土全体を民泊サイトAirbnbに登録する試みを行なった。

SKÄRGÅRDAR

東海岸にも西海岸にもある
数万の群島

　ストックホルムの人々にとって、群島なしの夏はありえない。3万近くある島の内、主だった島へは定期船が出ており、個人所有のヨットやボートも多数行き交う。ここを舞台にしたイングマール・ベルイマン監督の「不良少女モニカ（Sommaren med Monika）」は、彼が世界的に知られるきっかけとなり、ヌーヴェル・バーグの監督たちに大きな影響を与え

90

た出世作。ヨーテボリのある西海岸にも群島があり、秋には牡蠣やロブスターを採るシーフードサファリに参加することもできる。どこかの島に泊まってのんびり自然を謳歌するのが理想だが、船窓から群島や沈む夕日を眺めながらディナーやライブ音楽を楽しむことのできる数時間のクルーズなどもあるので、ぜひ体験してみて欲しい。

ARTIPELAG

群島の自然の中でアートを愛でる

　アーティペラーグは、ストックホルム市内から約20km東の群島地域に赤ちゃん用品のブランド、ベビービョルン（BabyBjörn）の創立者ビョルン・ヤコブソン（Björn Jakobson）が設立した1万㎡の広さを誇る複合アート施設で、その名称は、アート、アクティビティ、アーチペラゴの3つの英単語を組み合わせたもの。さまざまな特別展が開催される展示ホールの他、レストラン、屋内外のカフェ、デザインショップなどが揃い、企業のイベントにも利用されている。市内からは船でもバスでも行くことができ、バス停からは海辺の森の遊歩道を通って辿り着くこともできる。興味を惹かれる展覧会が開催中なら、アートと群島の自然を同時に楽しめる、手軽な遠足スポットとして訪ねてみてはいかがだろう。

GUSTAVSBERG 92

陶器で知られる港町グスタフスベリ

　アーティペラーグのすぐ近くには、グスタフスベリという港町がある。その名を冠した1825年創業の陶磁器メーカーで有名だ。葉っぱをモチーフにしたベルサ（Bersa）シリーズなどで知られるスウェーデンを代表するデザイナーの一人、スティッグ・リンドベリ（Stig Lindberg）や、個性的な動物シリーズで2000年以降日本でその人気に火がついたリサ・ラーソン（Lisa Larson）等が活躍した。北欧で唯一のボーンチャイナ生産工房であり、多くの工程が手作業され、ここを巣立つ製品には、有名な錨のロゴと「MADE IN GUSTAVSBERG SWEDEN」の文字が誇らしげに添えられる。街には、国立美術館の一部である陶器ミュージアムもあり、45,000点のコレクションから選りすぐりの作品を見ることができる。

VARUHUS
OCH KÖPCENTRUM

93

デパートやモールで地元ブランドを一気に

　ストックホルムには、注目ブランドの路面店やセレクトショップも多数あるが、初めてや短期の滞在なら、中心部のデパートやモールを巡るのも効率的でおすすめ。NK（エンコー）と呼ばれる最も格式ある老舗デパートのノルディスカ・コンパニエット (Nordiska Kompaniet)、よりモダンでカジュアルな雰囲気のオーレンス (Åhlens)、NKの斜め向かいにあるモールのギャレリアン (Gallerian)、グレタ・ガルボが働いていたことで知られるヒュートリエットのPUBなどでは、一気に多くのブランドに出会うことができる。これらの大型商業施設が集中する中央駅から王立公園、エステルマルム辺りに囲まれた中心街を歩けば、通り沿いにもたくさんショップが並んでいるので、おみやげを調達するにも好都合だ。

RÖRSTRAND

94

欧州で2番目に古い陶器メーカー

　ロールストランドは、ドイツ人陶芸家ヨハン・ウォルフの指導の下、1726年にロールストランド城で創業した300年近くの歴史を誇る陶器メーカー。欧州では、有名なドイツのマイセンに次ぎ2番目に古い。
　1930年代には、ルイーズ・エーデルボルグ（*Louise Adelborg*）がスウェーデッシュ・グレースと呼ばれる時代を超えた名作を生み、1950年代には、マリアンヌ・ウエストマン（*Marianne Westman*）が今も人気のモナミなどをデザインした。ムーミン・マグで有名なアラビアは、元々同社が1873年にフィンランドで創業したブランド。現在では、そのどちらも、イッタラやロイヤル・コペンハーゲン、ウェッジウッドなどと同じく、ヘルシンキに本社を置くフィスカース社の傘下にある。

STUTTERHEIM 95

雨の日もスタイリッシュに

　シンプルでスタイリッシュ、ハイクオリティという北欧デザインのイメージに最もふさわしいのは、ストッテルハイムの手作りのレインウェアではないだろうか。美しいシルエットの定番レインコートは、その名もストックホルム。A型に裾の広がった女性向きのシルエットのモデルは、セーデルマルムの一地区の名を冠しモセバッケ（Mosebacke）と呼ばれる。チェルシー・レインウォーカーという名の雨靴もおしゃれ。

　同ブランドは、「憂鬱」をポジティブに捉えるスウェーデンならではの哲学でも注目を集める。「メランコリーはクリエイティビティを育む」という「禍転じて福となす」的発想に基づくもので、まずは、同社の製品に身を包んで、「雨を抱擁することから始めよう」と呼びかけている。

stutterheim.com（ストッテルハイム）　Foto: Elisabeth Toll/Stutterheim

RYGGSÄCKAR

96

アウトドア大国のリュックは
世界中で人気

　きっとあなたも、赤いキツネが丸まったロゴを見かけたことがあるだろう。それは、1960年創業の老舗ブランド、北極ギツネを意味するフェールラーベン（Fjällräven）のもの。1978年に同社が発売したバックパック"カンケン（Kånken）"は、ストックホルムの電話帳をモチーフにデザインされ、今なお人気のロングセラー。未来的なフォルムで一度見たら忘れないのが、1998年にボブルビー（BOBLBEE）から発売されたABS樹脂シェルの"メガロポリス（Megalopolis）"。現在はカヤック・メーカー、ポイント65°N社に引き継がれている。アウトドア大国らしく、他にも、ホグロフス（Hoglöfs）、サンドクヴィスト（Sandqvist）、トゥーレ（THULE）など魅力的なブランドが目白押しだ。

fjallraven.jp（フェールラーベン）　Foto:Alexander Hall/imagebank.sweden.se

MODE   97

H&Mだけじゃない
スウェーデン・ファッション

　スウェーデンのファッション・ブランドといえば、真っ先に名前が挙がるのが、世界中に店舗を持つH&M。傘下には、若い女性に人気のMonki、スカル・ロゴが目を引くCheap Mondayなどを抱える。スケート／スノーボーダーを意識したストリートファッションのWeSCやポップでカラフルな靴下ハッピーソックス（*Happy Socks*）も若者に人気。テニスのボルグのブランド（*Björn Borg*）は、下着で有名。北欧市場に特化しているので、珍しいおみやげにもなる。北欧らしさを感じさせるシンプルでエレガントなコレクションを展開するブランドなら、フィリッパK（*Filippa K*）。これらブランドの多くが、再生素材の使用や古着の回収、商品のリースなど持続可能なファッションへの移行に取り組んでいる。

164　www2.hm.com/ja_jp/（H&M）　www.filippa-k.com（フィリッパK）

Foto: FilippaK/imagebank.sweden.se

A DAY'S MARCH

98

端正なメンズファッション・ブランド

　ア・デイズ・マーチは、ストゥーレプランから程近いクングスガータン（Kungsgatan）通り沿いに店舗を構えるメンズウェア・ブランド。声高に主張する様なところは微塵もないのだが、"Perfecting the Essentials" というブランド哲学が体現された、シンプルながらも美しい色調やディテールが、北欧的な潔さを感じさせる。ブランド名は「軍隊が1日に行進できる距離」に由来し、日々の生活の中で、勝利の瞬間も苦しい時も、あらゆる状況下でスタイリッシュに威厳を保って暮らしていく一助になりたい、という願いが込められている。ウェブサイトを通じて日本からも発注可能で、ロンドンにも店舗を構えるが、清楚な美しさのストックホルムの本店もぜひ訪ねてみて欲しい。

スウェーデンで、少しおしゃれして金曜の夜に街に繰り出すなら、とりあえず黒を選ぼう。スウェーデン人たちは黒が大好き。なぜなのか一言で説明するのは難しい。北欧的ミニマリズム、溶け込めて落ち着くから、陰鬱な天候と憂鬱なメンタリティを反映、金髪に合うからなど諸説あるが、目立ち過ぎずにクールな自分を演出するのにベストな色だということだろう。"黒＝クール"というイメージはスウェーデンの専売特許ではないが、彼らの黒への執着はどこか尋常でないというのも多くの欧州人たちが感じているところ。黒いシャツに黒い革ジャンを纏い、黒のスリムジーンズに白のコンバースを履けば、あなたも立派なスウェーデン人。気温の変化に対応できるよう重ね着しておくのも忘れずに。

コラム⑧

KLÄDD I SVART

黒が大好きなスウェーデン人

KOLUMN

Foto:Tove Freiij/imagbank.sweden.se

ACNE STUDIOS   99

イケてるスウェーデン人の
一押しブランド

　感度の高いスウェーデン人たちに、自国を代表するファッション・ブランドについて尋ねると必ず名前が挙がるのが、Acne studios。1996年クリエイティブ・エージェンシーACNEの一部としてストックホルムで設立され、2003年同市にAcne Jeansの最初の店舗をオープン。2006年には他部門から独立するとともに、ネット販売を開始。現在では、総合アパレル・ブランドとして、ニューヨーク、ロンドン、パリ、東京などに店舗を構え、世界50カ国以上に進出している。ストックホルムのノルマルム広場にある旗艦店は、1970年にストックホルム・シンドロームの語源となった強盗事件の舞台である元銀行所在地。自転車や家具など業界の枠を超えたコラボレーションにも積極的だ。

www.acnestudios.com/jp/ja/home（アクネ・ストゥディオズ）　Foto:Acne Studios

NUDIE JEANS 100

長く履きたい
エコで美しいジーンズ

　2001年にヨーテボリで生まれたヌーディー・ジーンズも、スウェーデンのアパレル界における世界的サクセス・ストーリーの一つ。当時Leeに勤めていたマリア・エリクソン（Maria Erixon）が中心となって設立。「第二の肌」のように馴染む履き心地と美しいシルエットで人気を集め、創業5年にして世界中で100万本のジーンズを売り上げた。

　2012年以降は100%オーガニックコットンを使用し、無料リペアサービスを提供するなど、環境に配慮し、エシカル・ファッションを標榜するブランドとしても定評があり、競合他社への情報漏洩を恐れることなく、トルコ、イタリア、日本に持つ素材のサプライヤーやイタリアとチュニジアにある生産工場などサプライチェーン情報も公開している。

www.nudiejeans.com/ja/（ヌーディー・ジーンズ）　Foto: Ulf Lundin/imagebank.sweden.se

GÖTEBORG

世界一フレンドリーな
スウェーデン第二の都市

　西海岸に面した人口60万人弱のスウェーデン第二の都市ヨーテボリは、北欧最大の港湾施設を持つ貿易港。イェーテボリ等とも表記され、英語名はゴセンバーグ (Gothenburg)。気さくな街と評判で、2017年の国際ホステル予約サイト "ホステルワールド" の調査では、「世界で最もフレンドリーな街」に選ばれている。郷土愛が強く、電車で3時間ほど離

101

れた首都には対抗意識を燃やす。「口紅(Läppstiftet)」の愛称を持つ、展望室のある赤と白のビル"リラ・ボンメン(Lilla Bommen)"、ヨーテボリ美術館、科学博物館ユニバーシウム(Universeum)など見所は多く、郊外にはボルボ博物館もある。夏には、人気音楽フェスWay Out Westが開催され、カヤックでの群島巡りも楽しい。

HANS ROSLING   102

現代の知の啓蒙家

　アルフレッド・ノーベルを知らない人はいないだろう。では、ハンス・ロスリングはどうだろう？　2006年のTED講演で、インタラクティブに視覚化したデータを駆使して時代ごとの世界情勢の遷移をわかりやすく解き明かし、世界中から喝采を浴びた統計学・医学・公衆衛生学の専門家だ。世界のより正しい認識を推進するため、統計学者である息子オラとデザイナーであるその妻アンナとともにギャップマインダー財団（Gapminder）を設立。2018年に出版された3人の共著「ファクトフルネス（Factfulness）」は、マイクロソフトの創始者ビル・ゲイツが、「これまで読んだ中で最も重要な本」の一つと絶賛。2019年発売の日本語版も、2年間で100万部を突破する大ベストセラーとなった。

Foto:Freddy Foss / Nordiske Mediedager (creativecommons.org/licenses/by-sa/2.0)

FORSKARE   103

科学の礎を築いた学者たち

　1735年の著書「自然の体系」などで近代的分類の基礎を築いた博物学者カール・フォン・リンネ(*Carl von Linné*)は、「分類学の父」として知られる。イェンス・ヤコブ・ベルセリウス(*Jöns Jacob Berzelius*)は、現在も使われるアルファベットによる元素記号を提唱し、原子量を精密に決定するなど近代化学に大きな足跡を残した。アンデルス・セルシウス(*Anders Celsius*)は、現在の摂氏温度計の前身である世界最初の実用温度計を発明。アンデルス・オングストローム(*Anders Ångström*)は、分光学の基礎を築き、長さの単位にその名を残す。

AKADEMISK FORSKNING   104

世界的な学術研究機関

　ストックホルムにあるカロリンスカ研究所(*Karolinska Institutet*)は、この国最大の教育機関かつ世界最大の医学系単科教育研究機関。予防歯科分野では、ヨーテボリ大学歯学部が世界の歯周病研究・治療の聖地として知られる。ウプサラ大学は、1477年創立と北欧で一番古い歴史を持ち、世界の科学史に名を残す学者たちを数多く輩出した名門校。ナノテクノロジーの分野では、2016年、ルンド大学に世界で最も明るい光源のX線装置を持つシンクロトロン光施設MAX IV研究所が設立され、今後の成果に期待が高まっている。他にも各分野で評価の高い大学は多い。

SJUKVÅRD　　　　　　　　　　105

平等で低負担だが、
待ち日数に難ありの医療

　医療は主に税金で賄われ、18歳以下は無料。成人でも、年間診療費1,100kr（約14,000円）、処方薬代2,300kr（約29,000円）が上限。総医療費のGDP比は、欧州の平均程度で今や日本よりも低い。米専門誌による保険医療の質の調査では、195カ国中第4位。平均寿命も82.4歳（2016年）と高水準だ。家族医制度が定着していて、まずはかかりつけ医師の診断を受ける。ただし、いいことずくめではなく、専門的なケアの待ち日数の長さや病床不足、看護師不足は深刻な課題。医療従事者も長期休暇の例外ではないため、特に夏期は病院の稼働規模も半減する。

ÄLDREOMSORG　　　　　　　106

最後まで自立を促す高齢者ケア

　高齢者も独立して暮らすこの国では、家族がつきっきりで介護をするようなことはなく、コミューンと呼ばれる自治体が介護士を派遣する。施設に入れるのは、在宅での介護が難しいと判定された場合のみ。自尊心や本人の意思を尊重し、寝たきりのまま延命措置をとることもない。認知症ケアの分野では、シルヴィア王妃（*Drottning Silvia*）が母の介護をきっかけに2006年に設立した研究・教育機関およびデイケア施設シルヴィアホーム（*Silviahemmet*）が有名で、所長のバールブロ・ベック＝フリース（*Barbro Beck-Friis*）は、この分野の権威として知られる。

コラム⑨ KOLUMN

VÄRLDENS ENSAMMASTE FOLK

世界一寂しい人々？

　自立や個人主義が過度に尊重され、育児や介護の社会化が進む中で、家族の結びつきが希薄になり、スウェーデン人は、慢性的な孤独にさいなまれる「世界で一番寂しい人々」になってしまったという議論もある。

　この問題を扱ったドキュメンタリー映画が、イタリア系スウェーデン人監督エリク・ガンディーニ（Erik Gandini）の「スウェーデン式愛の理論（The Swedish Theory of Love）」。タイトルは、スウェーデンの歴史学者2名による名著「スウェーデン人は人間か？（Är svensken människa?）」に登場する真の愛情は依存関係のない自立した個人間でのみ成立するという考え方に由来する。日本的な「甘えの構造」とは、対極にあたるかもしれない。果たして幸せなのはどちらだろうか？

ARBETSLIVSBALANS 107

柔軟な労働環境と尊重される
ワークライフ・バランス

　労働者の政党による長期政権の歴史を持ち、約7割が職業別労働組合に加入するこの国で、働きやすい労働環境が整ったのは偶然ではない。ユニバースム社（*Universum*）の2016年版 労働者の幸福度指数では、世界第4位にランクされる。フレックスタイム制や手厚い育児休暇が浸透しているのもライフワーク・バランスを尊重する社会の共通意識があってこそ。
　評価されるのは、労働時間やプライベートの犠牲ではなく、合理的で生産性の高い働き方。組織は概してフラットで率直なコミュニケーションが特徴。そのためにも、午前9時と午後3時のフィーカは欠かせない。
　皆が4週間の休暇を取る夏の間は物事が進まないが、それも織り込み済み。十分な休暇を取った幸せな労働者が高い生産性を生むのだ。

VOLVO

安全な車の代名詞ボルボ

108

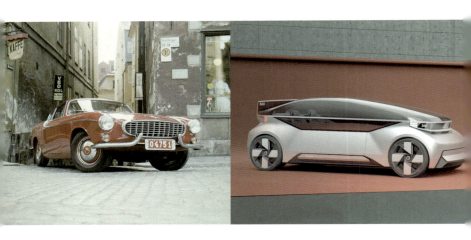

　ボルボといえば、安全で丈夫な車の代名詞。1927年に、現在も本社が置かれるヨーテボリで創業された。3点式シートベルトは、1959年に同社のエンジニアが発明し、その特許を無償公開したことで世界中の車に装備されたもの。その結果、100万人以上の命が救われたという。堅実なイメージの強いその系譜の中で異彩を放つのが、1960年発表の流麗なスポーツカー P1800シリーズ。スパイドラマ「セイント」でのロジャー・ムーアの愛車として知られる一方、自家用車の最長走行距離約480万kmのギネス記録も樹立している。現行車種が日本カー・オブ・ザ・イヤーやグッドデザイン賞などに輝く中、2018年秋には、将来を見据えた完全自動運転のコンセプトカー360Cを発表し、世界の注目を浴びた。

www.volvocars.com（ボルボ）　Foto:Volvo Car Corporation

HASSELBLAD 109

月に行ったカメラ、ハッセルブラッド

　ヨーテボリで1841年に創立された貿易会社に端を発するハッセルブラッドは、「月に行ったカメラ」として知られる。1948年ニューヨークで発表した世界初の6×6一眼レフ・カメラ1600Fが、その革新的な技術を絶賛され、その後何十年にもわたって最高級中判一眼レフカメラ・メーカーとしての地位を不動のものとした。初めて宇宙へと旅立ったのは、1962年。1969年には、人類が月に初めて降り立った写真や月から見た地球の写真が、同社の500ELで撮影された。ヨーテボリ美術館には、ハッセルブラッド財団が開設した写真ギャラリー、ハッセルブラッド・センターがあり、1980年から同財団が主催するハッセルブラッド国際写真賞は、「写真界のノーベル賞」と呼ばれる権威ある賞だ。

www.hasselblad.com/（ハッセルブラッド）　Foto:Hasselblad

ERICSSON   110

携帯通信インフラの世界最大手

　エリクソンは、ラーシュ・マグナス・エリクソン(Lars Magnus Ericsson)が1896年に設立した通信機器メーカー。スウェーデンでは、19世紀末にすでに電話の通話数が郵便物の数を上回り、ストックホルムは人口あたりの電話設置数が最も多い都市となった。日本ではソニー・エリクソン製携帯電話でのみその名を知る消費者も多いが、端末部門はソニーに売却したものの、GSM、WCDMA、LTEなどの主要通信方式で最多の特許を持ち、世界の移動体通信システムにおいて約4割のシェアを誇るインフラ設備の最大手。Bluetoothも同社開発の技術で、その名は、ノルウェーを流血なしに統合したデンマーク王の愛称に由来する。5G通信技術においても最先端を走り、日本の主要携帯事業者にも設備供給している。

IKEA

111

17歳の少年が築き上げた
世界最大の家具メーカー

　IKEAは、創業者イングヴァル・カンプラード（Ingvar Kamprad）と、スモーランド地方にある彼が育った農場エルムタリッド（Elmtaryd）、出身の村アグナリッド（Aggunaryd）の頭字語。若干17歳の時に設立した雑貨店に端を発する同事業を世界最大の家具メーカーへと発展させた。家具を組み立て式にして薄く梱包することで保管・輸送を効率化した「フラットパック」、高強度高密度で軽量な「パーティクルボード」など次々に革新的な手法を導入し、魅力的なデザインの商品をリーズナブルな価格で提供して世界中の人々の心をつかんだ。従業員数20万人を超え、ピーク時のカタログ発行部数は2億部に上った（現在はオンライン版に移行）。FRAKTAと呼ばれる同社の青いキャリーバッグもスウェーデンの象徴の一つ。

www.ikea.com/（イケア）　Foto:Simon Paulin/imagebank.sweden.se

DATACENTER 112

世界的なデータセンター拠点

　スウェーデンは、世界的なデータセンター設置拠点でもある。Facebook は、2011年、北部のルレオ（Luleå）に創立者マーク・ザッカーバーグが「世界一効率的」と語るデータセンターを開設し、2021年の運用開始を目処に同センターを2倍に拡張すると発表した。背景には、安価で信頼性の高い電力供給、再生可能エネルギーの活用、強靭な光ファイバー網などがある。ストックホルムには、バーンホフ（Bahnhof）というプロバイダが、ヴィタベリ公園（Vitabergsparken）の地下30mに冷戦時代の核シェルター内に建造した"ピオネン（Pionen）"という施設がある。ここは、ウィキリークスが利用していたことで知られる他、007映画を彷彿とさせる未来的なインテリアでも話題を集めている。

EKOLOGI 113

エコ先進国の
持続可能社会への挑戦

　ストックホルム郊外の湖畔に位置するハンマルビー・ショースタッド（*Hammarby sjöstad*）は、2010年に欧州グリーン首都賞を受賞したエコタウン。各棟にリサイクル室があり、生ゴミはバイオガスに変えられてバスの燃料となり、可燃ゴミの焼却熱は暖房に、太陽光パネルからの電力は温水に利用される。そして、産業界で現在注目されているのが、カーボンフリー社会への取り組み。2018年にはストックホルム郊外で、走行中の車に充電できる世界初の電気道路の試験運用が始まった。ノースヴォルト社は、安くて再生可能な水力発電と最新のリサイクル技術を利用した世界一グリーンなリチウム電池の生産を欧州最大規模で計画中。日本からも優秀な技術者たちが集められ、参画している。

northvolt.com（ノースヴォルト社）　Foto:Ola Ericson/imagebank.sweden.se

SKYPE OCH SPOTIFY 114

世界を変革したITスタートアップ

　世界最大のインターネット電話サービスSkypeは、米TIME誌の「世界で最も影響力のある100人」にも選ばれたスウェーデンとデンマークの起業家たち、ニクラス・センストロム（Niklas Zennström）とヤヌス・フリスが、エストニアの首都タリンで創業し、同国のエンジニアたちと開発したアプリ。一方、ストックホルムで創業されたSpotifyは1億7,000万人のユーザーを持つ世界最大の音楽ストリーミングサービス。2018年4月には、時価総額260億ドルでNY証券取引所に上場したが、この時、誤ってスイスの旗が掲揚されたことも話題となった。

SOLVATTEN OCH PEEPOOPLE 115

途上国の生活改善に貢献するイノベーション

　ソルバッテンは、「太陽」と「水」を意味し、インフラの行き届いていない地域向けの太陽光を利用したポータブル浄水・温水供給装置。衛生的な水の供給によって病気のリスクを軽減し、長距離を歩いての水汲みや薪調達などの負担を軽減した。ピープープルは、英語の「おしっこ」、「うんち」と「人々」からのユーモラスな造語。生物分解される袋状の使い捨てトイレを開発し、周囲への汚染防止と肥料利用を可能にした。2016年から、ストックホルムに本部を置く国際NGOインターナショナル・エイド・サービスが同事業を継承している。

INVENTION   116

世界を変えた発明大国

　スウェーデンで発明され、今も私たちの生活の中に息づくものは数多い。ファスナーやモンキーレンチ、食品用紙容器テトラパック (Tetrapak)、セルシウス温度計、3点式シートベルト、コンピュータのマウス。電話は米国のベルの発明だが、受話器つきの卓上型はエリクソンが開発。家庭用の真空型掃除機や掃除ロボットを初めて発売したのは、エレクトロラックス (Electrolux)。植え込み型心臓ペースメーカーや歯科インプラントもこの国が発祥。意外なところでは、有名なコカコーラの瓶も米国に移民にしたスウェーデン人率いるチームのデザインだ。

SVENSKA FÖRETAG   117

世界市場で成功するスウェーデン企業

　世界最大のベアリング製造会社SFK、産業機器メーカーのアトラスコプコ (Atlas Copco)、工作機器のサンドビック (Sandvik)、ゼネコンのスカンスカ (Skanska)、民間では欧州最大の森林を所有する材木会社SCA、セキュリティ関連製品売上世界一のアッサアブロイ (Assa Abloy)、エアバッグ・シェア世界一のオートリブ (Autolive)、熱交換器や分離器のアルファ・ラバル (Alpha Laval) など枚挙にいとまがない。現在それぞれスイスと英国に本社を置く産業用ロボットのABBや製薬のアストラ・ゼネカ (AstraZeneca) もスウェーデン企業との合併により生まれた。

www.tetrapak.com/jp（テトラパック）　electrolux.co.jp（エレクトロラックス）

コラム⑩

KONSTNÄRER PÅ SEDLAR

お札になった芸術家たち

KOLUMN

　2015年発表の新紙幣では、20クローナ (kr) 札に「長くつ下のピッピ」のアストリッド・リンドグレーン、続いて、国民的歌手のエヴェルト・タウベ (50kr)、ハリウッドの大女優グレタ・ガルボ (100kr)、映画界の巨匠イングマール・ベルイマン (200kr)、オペラ歌手ビルギット・ニルソン (500kr) という顔ぶれ。

　唯一、1000クローナ紙幣には、政治の世界から第2代国連事務局長ダグ・ハマーショルドが選ばれている。スウェーデンは旧札の扱いに厳しく、従来のセルマ・ラーゲルレーヴ (20kr)、ジェニー・リンド (50kr)、カール・フォン・リンネ (100kr)、カール11世 (500kr)、グスタフ・ヴァーサ (1000kr) の各紙幣は、2016年6月末を持って使用ならびに一般の銀行での交換ができなくなった。

SWISH 118

すでに到来している
キャッシュレス社会

　お気に入りの有名人が載ったお札を持っていても、使う機会は巡って来ないかもしれない。世界に先駆けてキャッシュレス文化が浸透しているからだ。ストックホルムの公共交通機関をはじめ、現金お断りの場面も珍しくない。その進展に大きな役割を担ったのが、個人識別番号(*Personnummer*)と電話番号を紐づけ、スマホを使った簡単かつ即座な送金を可能にしたSwishというアプリ。利用者数は、800万人到達間近。会食後の割勘など個人間決済でも日常的に用いられる。ただし、スウェーデンの個人番号や銀行口座を持たない旅行者は、その恩恵に預かれないのが悩やましいところ。それでも、クレジットカードさえあれば、トイレなどの少額支払やチップの加算にも使えるので小銭はほぼ不要だ。

www.getswish.se（スウィッシュ）

ÖSTERMALM

ストックホルムの
「アッパーイースト」

119

スウェーデンで一番地価の高い一等地エステルマルムは、ニューヨークに例えて、「ストックホルムのアッパーイーストサイド」などとも呼ばれる。ストゥーレプラン(Stureplan)には、優雅なスパも入るショッピング・センター、ストゥーレ・ギャレリアン (Sturegallerian) が建ち、その前にあるキノコ型の構造物スヴァンペン (Svampen) は、人気の待ち合わせスポット。スパイ・バー (Spy Bar) などの有名ナイトクラブも集中し、金曜の夜は華やかな人たちで賑わう。ちなみに、「小さな金曜日 (lilla fredag)」と呼ばれる水曜日も週末を待てない人々が街に繰り出す日。金融機関や企業の本社、高級ショップやマンションの他、コンサートホール (Berwaldhallen) や2020年3月にリニューアル・オープンした食料品市場 (Östermalms saluhall) もある。格式ある建物が並ぶ運河沿いのストランド通り (Strandvägen) もこの街を代表する景観の一つだ。

DRAMATEN 120

名演出家、名優たちが
歴史を彩った豪奢な劇場

　王立演劇場（Kungliga Dramatiska Teatern）、通称"ドラマテン"の歴史は1788年まで遡り、1908年にニューブロプラン（Nybroplan）前に移転。アール・デコ様式の建物は、フレデリック・リリエクヴィスト（Frederik Liljekvist）の設計で、カール・ミレス、カール・ラーション、エウシェン王等が装飾に参加した。映画監督としても功績を残したオロフ・モランダー（Olof Molander）、アルフ・シェーベルイ（Alf Sjöberg）等が演出に手腕を発揮し、附設演劇学校では、グレタ・ガルボ（Greta Garbo）やイングリット・バーグマン（Ingrid Bergman）等が学んだ。1989年のイングマール・ベルイマン（Ingmar Bergman）演出による三島由紀夫の戯曲「サド公爵夫人」は大好評を博し、東京、ニューヨークにも巡回した。

スウェーデン人のほとんどが、流暢に英語を話す。北欧諸国やオランダは、世界的に見てもノンネイティブの中で特に英語力が高い地域で、言語的な近さ、米英のテレビ番組を字幕で観て育つこと、国際的なメンタリティーやライフスタイル、自国語の通用範囲の狭さ、などが主な要因として挙げられる。

旅行者にはありがたいが、彼らの英語と遜色ないくらい流暢なスウェーデン語で話しかけないと英語で返事が返ってきてしまうので、スウェーデン語学習者にとっては頭の痛いところでもある。

KOLUMN

ENGELSKA

コラム⑪

スウェーデン人は英語が得意

Foto:Simon Paulin/imagebank.sweden.se

SVENSKT TENN　　　121

生活デザインの殿堂
スヴェンスクト・テン

　スウェーデンのデザインを象徴する存在の一つが、スヴェンスクト・テン。家具、照明、テーブルウェアからテキスタイルまで総合的にインテリア用品が揃う。その歴史は、美術教師だったエストリッド・エリクソン (Estrid Ericson) が、スウェーデン語で"テン (tenn)"と呼ばれる当時注目の素材、錫を主成分とする合金（ピューター）製品の店を開いた1924年に遡る。1934年には、エストリッドの夫となったユダヤ人デザイナーのヨセフ・フランクが、ナチスによる迫害を免れるため、オーストリアから亡命。その後、2人がこの国のデザイン界に与えた影響は計り知れない。シンプルでアンチークな家具と大胆な遊び心に溢れるテキスタイルが好対照を見せる。2階の優雅なティールームもおすすめ。

www.svenskttenn.se/en/（スヴェンスクト・テン）　Foto:Svenskt Tenn

HUMLEGÅRDEN

観光や買物に疲れたら
公園で一休み

　ストックホルムは、水と緑の街。公園を探すには困らない。店舗やレストランが立ち並ぶ繁華街ストゥーレプランに隣接するフムレゴーデンは、街歩きやショッピングに疲れた時にちょっと一息つくのに最適な場所にある。ここもまた以前は王室の庭園だったが、1896年には完全に一般開放され、今では芝生に寝そべったり、犬を散歩させたり、思い思いにのんびり過ごす市民たちの姿を見ることができる。
　中央に立つのは、「分類学の父」カール・フォン・リンネの銅像。スウェーデンのあらゆる出版物を集めた国立図書館（*Kungliga biblioteket*）も園内に建つ。スウェーデンについて外国語で書かれた書籍も収蔵されており、18歳以上ならだれでも入館、閲覧が可能だ。

INTERVJU:
KEIKO SNARBERG

インタビュー
スナールベリ啓子

◉ **スウェーデンといえば**

コーヒーとフィーカ。これがなければ、スウェーデンの日常生活は止まってしまいます。太陽への憧憬。とにかく、できるだけたくさん日の光を浴びること。

◉ **スウェーデンと日本の
　よいところ、悪いところ**

高校卒業後、そのまま大学に進学せずとも、1、2年旅をしたり、仕事をしたりしてから好きな時に進学できるところ。スウェーデンに戻って来ると、時々日本のサービス、おもてなし、思いやりが恋しくなります。

◉ **日本とスウェーデンの
　似ているところ、違うところ**

どちらの人々も、一般に温厚かつ寛容なこと。自然を愛でるところ。日本には、特別サービス志向の強い文化があって、いつも誰か対応してくれる担当者がいたり、日常生活のすべての面で便利なサービスが発達したりしています。スウェーデン人は基本的にもっと個人主義的で、自分のことは自分ですることが多いです。セルフサービスのカフェとか家具の組み立てとか。

◉ **勘違いされていると
　思うことは？**

日本人は、北欧各国間の違いをあまり意識していないことが多いですね。あとは、みんな長身で金髪だと思われているところ。

◉ **スウェーデンのおすすめ**

日が長く、明るいスウェーデンの夏を経験すること。エビやザリガニを食べること。ヴァーサ号博物館やスカンセンに行くこと。スヴェンスクト・テン。

◉ **知られざる魅力は？**

ねじり棒キャンディの産地と

して名高いグレンナ (Gränna) で、出来たての「ポルカグリス (Polkagris)」と呼ばれるキャンディを食べること。西海岸やゴットランド島も素敵ですよ。

● **スウェーデンや北欧が
社会先進国となりえた理由**

200年間戦争をせず、1900年代から中立を守っていること。100年前までは貧困国でしたが、第二次大戦後の経済成長で世界の富裕国の仲間入りを果たしました。1930年代から戦後にかけては、「スウェーデン・モデル」と呼ばれる国家による社会福祉の制度が整えられ、1960年代には女性も労働者として経済を担うようになりました。

● **スウェーデンで暮らす
日系人であるということ**

子どもの頃は名前が違うということでからかわれたりしましたが、これまであからさまな差別を受けたことはほとんどありません。私の姓と名は、スウェーデンと日本それぞれの文化を表しています。毎日その名前を使っていますし、それが私なのです。外国人嫌いの風潮が高まる傾向にありますが、世界のどこであろうとそんな理由で不安や危険を感じることのない世の中であって欲しいと願っています。

日本人の母とスウェーデン人の父を持つ日系スウェーデン人。スウェーデンで育つが、慶応大学留学経験もあり、和太鼓、合気道、生け花などを嗜む。大学の学事部職員を務める。

Foto:Anna Ledin Wirén

INTERVJU:
ÅSA EKSTRÖM

インタビュー
オーサ・イェークストロム

◉ スウェーデンといえば

光と闇。夏は明るく、冬は暗い。自然の中で過ごすのが大好きなので、天候は大きな関心事です。会話のきっかけの挨拶としてだけでなく、よく天気の話をします。スウェーデンの象徴といえば、ダーラヘストや夏至祭の花冠でしょうか。新ジャガもみんな楽しみにしています。スウェーデンでは、夏に旬のイチゴを食べるけれど、日本ではクリスマスケーキに載っていますね。花火は、日本では夏の風物詩ですが、スウェーデンはニューイヤーを祝う冬に上げます。この辺は時期が逆ですね。

◉ 日本のよいところ、悪いところ

日本には何でもありますね。いろいろと便利でオプションも多いですし、興味深いものがたくさん。よくないところは、男女の格差とか働き過ぎなところ。でも、初来日の頃と比べると、最近は子どもと一緒にいるお父さんを見かけることが増えました。まだ週末だけですけどね。

◉ スウェーデンのよいところ、悪いところ

よいところは、男女間を含め、平等が進んでいるところ。ライフワークバランス。そして、グリーンやエコに熱心です。ルールを守るところ、きちんと順番待ちの列に並ぶところなどは、日本人と似ています。悪いところは、つまらないところ（笑）。イケメンも多いですが、情熱的ではないですね。無口でシャイな人が多くて、知らない人とはあまり話をしません。冬は寒くて暗いです。11月や、クリスマスや新年のお祝いが終わった後の1、2月は陰鬱です。日本では冬でも青空が見られますが、スウェーデンではどんより曇った日が多いです。でも、そんな気候だからこそ部屋の中でできることに集中できて、クリエイティブになるのではないかと思います。日本では新潟県出身の漫画家が一番

多いと聞きますが、同じ理由かもしれませんね。

⦿ スウェーデンのおすすめ

ゴットランド島とヴィスビューの街。私の大好きなジブリのアニメのモデルにもなっていますし（いつかジブリ作品の舞台を巡礼する旅もしたい!）、とてもきれいなので訪ねてみて欲しいです。ファッションブランドなら、Monki、Cheap Monday、ACNEなど。フェールラーベンのバックパックもぜひ試してみてください。

⦿ 勘違いされていると思うことは？

スウェーデンはかわいいものばかりで溢れていると思っている人もいるみたいですが、そんなところばかりじゃないので、がっかりするかもしれません。例えば、ロマンチックなパリに憧れて実際に行ってみると、汚いところも結構あったりするように。

⦿ スウェーデンや北欧が社会先進国となりえた理由

かつての長期にわたる社会民主党の安定政権。第二次大戦に参戦しなかったので、戦争被害からの復興に時間を費やすことなく、他の国よりも先にスタートすることができたこと。公費でキャンディーを買ったとかそんなことが大問題に発展するぐらい腐敗を防ぐ制度や監視の目は厳しいです。

日本の不思議について日本語で綴った4コマ漫画「北欧女子」シリーズを描く日本在住の人気スウェーデン人漫画家。同シリーズ第4巻では、故郷スウェーデンについても紹介している。
https://ameblo.jp/hokuoujoshi/

SVENSKAR I JAPAN

日本で活躍するスウェーデン人たち

　ピアニストのフジ子ヘミングは、ロシア系スウェーデン人の父と日本人の母の下に生まれた。九州新幹線開通のCM曲"Boom!"がビルボード・ジャパンのトップに輝いたマイヤ・ヒラサワは、父親が日本人。映画評論家のLiLiCoは、日本人の母を持つ。伝統文化の分野では、「青い目の日本茶伝道師」オスカル・ブレケルや、落語家の三遊亭好青年が活躍。日本在住ではないが、完璧な日本語で歌うビジュアル系シンガーYOHIOは、Gacktにも楽曲を提供している。累計20万部突破の「北欧女子が見つけた日本の不思議」(KADOKAWA)シリーズでブレイクした漫画家のオーサ・イェークストロムは、各種メディアで引っ張りだこだ。ちなみに、日本に住むスウェーデン人の数は約1,800人。

Foto:Yohio by Linnear00 (creativecommons.org/licenses/by-sa/3.0)

気候風土が近い北海道は、伝統的にスウェーデンとの交流が盛んで、バーサーロペットの招致に尽力した旭川スウェーデン協会や2018年に設立40年を迎える北海道スウェーデン協会、HIECC（ハイエック）などの交流組織がある。そして、札幌市内から、車で35分ほどの当別町には、スウェーデン人が「まさしくスウェーデンのよう」と認め、同国の大手紙でも紹介されたスウェーデンヒルズの街がある。森に囲まれた丘に、スウェーデンハウス株式会社の輸入住宅が軒を並べる。現在の住民数は、700人ほど。スウェーデン交流センターがあり、夏至祭などの年中行事も催される。また、道内では、当別町とレクサンド市（Leksand）、枝幸町とソレフテオ市（Sollefteå）が姉妹都市として交流している。

KOLUMN

コラム⑫

SVERIGE I HOKKAIDO

北海道にあるスウェーデンの街並み

Foto:一般財団法人スウェーデン交流センター

FIKA　　　　　　　　　　　　　124

フィーカなしには、
この国は回らない

　北欧の人たちは、コーヒーが大好き。人口一人あたりの消費量では、北欧5カ国が世界の上位をほぼ独占状態。他にはスイスやカナダがトップ10入りしているのを見ると、コーヒーの消費量と社会の成熟度には何らかの相関関係があるのではないかとさえ疑ってしまう。最近は日本でも流行になったスウェーデン語で「フィーカ」と呼ばれる午前と午後のコーヒーブレイクは、この国の職場や生活文化に欠かすことのできない習慣であり、社会制度とさえいわれる。フィーカばかりしていて、いつ働いているのかわからないなんて声も上がる一方、フィーカこそフラットなコミュニケーションを促進し、休息なしの非効率な長時間労働を抑止する生産性向上の秘訣であると熱弁するスウェーデン人も多い。

SEMLA OCH KANELBULLE

125

断食パンとスウェーデンの象徴

　セムラは、カルダモン味のパンを切って、アーモンドペーストとホイップクリームを乗せてはさんだもので、ホイップクリーム・バーガーといった面持ち。イースター前に行う46日間の断食の前日に食べる習慣があったので、「断食パン」を意味する"ファストラグスブッレ (fastlagsbulle)"とも呼ばれる。断食の習慣が廃れた今も「セムラの日」は存続し、クリスマス明けからイースターにかけて約2,000万個が消費される。"カネルブッレ"と呼ばれるシナモンロールは、1920年代にこの国で生まれたといわれ、年間を通してフィーカには欠かせない。特大サイズのハーガブッレ (Hagabulle) は、ヨーテボリのハーガ地区の名物。1999年には、10月4日が「カネルブッレの日」に定められている。

VETE-KATTEN

1928年の創業以来
愛され続けてきたカフェ

　ヴェーテ・カッテンは、1928年の創業以来ストックホルムの人々に愛されてきた由緒あるパティセリー&カフェ。創業者が店名をどうするか聞かれた際、"Det vete katten"、つまり「猫が知ってるわ」とも「小麦粉の猫」とも取れる言葉で答えたことに由来するという。正面入り口は、中央駅やヒュートリエットから歩いて行けるクングスガータン沿いの角にある。店内に入ってみると中は意外なほど広く、部屋ごとに違った表情を見せ、奥には中庭も。スウェーデンらしいチョイスなら、緑色のマジパンで覆われた上品なプリンセストルテやシナモンロールに加え、ハンガリーの首都の名がつけられた"ブダペスト"という1950年代スウェーデン発祥のヘーゼルナッツのロールケーキもおすすめ。

GODIS 127

スウェーデン人は
甘いものが大好き

　スーパーやキオスクに行くと、キャンディーやグミなど、"ゴーディス"と総称される一口サイズの甘い駄菓子が所狭しと並ぶ売り場がある。色も形も豊富で見ているだけでも楽しいのだが、中にはちょっとどぎつくて尻込みするものも。北欧で大人気ながら、日本人にはおしなべて不評な真っ黒い塩味のリコリス（lakrits）は、その代表格かも知れない。スウェーデンは、スウィーツ消費量でも世界のトップ10に入る。「土曜日の駄菓子（lördagsgoais）」は、「毎日食べると虫歯になるから土曜日だけね」という主旨で始まったキャンペーンだが、今ではむしろ売上向上に貢献しているようにも見える。子どもたちはこの日を楽しみに待ち、大人たちは摂取したカロリーを運動で消費するのに余念がない。

EJES

128

王室御用達の
家族経営のチョコレート屋さん

　市街中心部からは少し離れた閑静な通りに店舗を構えるエイエスは、流行などとは無縁に見える家族経営のハンドメイド・チョコレートショップ。1923年創業、現在の場所に移転して50年、現オーナーになって30年以上という老舗だ。スウェーデン王室御用達として知られる他、駐スウェーデン日本大使館も懇意にしていて、店内には感謝状や写真が誇らしげに飾ってある。家族ぐるみでこの店の常連だという作家デニース・ルドベリ（*Denise Rudberg*）の推理小説の主人公マリアンヌは、いつもここでホワイト・ヌガーのチョコを買って行く。デニース自身のお気に入りは、リコリス入り。そして、シルヴィア王妃（*Drottning Silvia*）のお好みは、ジェリー・ラズベリー味のチョコレートだそうだ。

CHOKLAD

まだまだある
スウェーデンのチョコレート

　チョコ好きなら、毎年10月にストックホルムで開催される展示会ショクラード・フェスティヴァーレン（Bak & Chokladfestivalen）を訪ねるといい。創設者の1人でノーベル賞晩餐会のデザートを10年間担当したマグヌス・ヨハンソン（Magnus Johansson）のチョコやケーキは、ぜひ味わってみたい逸品。他にも、OmnOmnOmn、ショクラードファブリケン（Chokladfabriken）、ハンドヨート・ストックホルム（Handgjort Stockholm）などこの街発の美しく魅力的なブランドが並ぶ。お土産に便利な板チョコなら、豊富なフレーバーの揃うプラリーンフーセット（Pralinhuset）や、スーパーで気軽に入手できるKEXのチョコもおすすめだ。薬剤師が開発した「体にいいチョコレート」NOXもこの国らしい。

INVANDRARE　　　　　　　　　　130

寛大な移民政策はどこへ向かう？

　スウェーデンは、人口一人あたりの難民受入数が欧州で最も多い国だ。紛争の絶えない中東地域などから長年にわたり多くの難民を受け入れてきた。

　米国のU.S.ニュース＆ワールド・レポート誌による「移民が暮らしやすい国」ランキング（2017年）でもトップに位置付けられており、その人道的功績や社会の寛容性は大いに評価されてしかるべきだ。

　しかし、労働力や文化的な多様性の創出といったポジティブな側面を強調する人も多い一方で、社会的統合の難しさや、失業問題・経済格差などに起因する財政負担や犯罪増加などを危惧する声も聞かれ、課題も多い。2015年の難民申請の激増、2017年のストックホルムでのテロ事件などを受け、こうした危機感が増大傾向にあることは否めない。

コラム⑫　VAL 2018

2018年総選挙の結果を受けて

1986年、オロフ・パルメ首相が、夫人を伴って映画館から帰宅中に背後から2発の銃弾を受け暗殺された。パルメは、国際的な軍縮や反核、植民地解放などを推進した人物で、この事件は、スウェーデン中に大きな衝撃を与えた。2012年にはクリスティーナ・リンドストロム（Kristina Lindström）監督によるドキュメンタリー映画「パルメ（Palme）」が公開されている。

2018年、4年に一度の総選挙で世界が注目したのは、自他共に認める人道大国スウェーデンまでもが、移民問題をきっかけに、排他的ナショナリズムの道へ進んでしまうのかという点であった。

結果は、移民反対を唱える極右政党スウェーデン民主党（Sverigedemokraterna）が、不満を抱える一部の国民感情に訴えて支持を伸ばしたものの、社会民主党（Socialdemokraterna）、穏健党（Moderaterna）に続く第3党にとどまり、胸を撫でおろした国民も多い。しかし、同党以外の各政党が右派と左派の連立ブロックに分かれて1議席差でせめぎ合う現状はかつての政治的安定とは程遠く、首相が不信任となるなどこの国の向かう道筋は未だ不透明だ。

その映画の中で彼の墓に花をたむけるアンナ・リンド (Anna Lindh) は、環境大臣、外務大臣を歴任し、将来はスウェーデン初の女性首相になることを嘱望されていた人物。彼女もまた、2003年、市内のNKデパートで買物中に刃物を持った男に刺され、搬送先の病院で息を引き取った。享年46歳。その若すぎる死を惜しむ声は今も絶えない。

遡って1973年のノルマルム広場強盗事件は、銀行強盗の人質となった被害者が犯人をかばい、警察に敵対的な行動を取ったことで有名になった。閉鎖空間で長時間非日常体験を共有することで加害者に感情移入してしまうこの心理現象は、後に、「ストックホルム・シンドローム」として知られるようになる。

2017年に5人の死者を出したトラックを使ったテロ事件は、まだ記憶に新しい。犯人は難民申請を却下されたウズベキスタン人で、この事件を受けて移民法改正が示唆されるなど移民政策にも少なからず影響を与えた。事件後、現場となったドロットニング通り近くのセルゲル広場には多くの市民が花や蝋燭を持って訪れ、犠牲者を追悼し、連帯を表明するための大規模集会も開かれた。この街では、悲しみは、憎しみではなく愛に昇華した。

コラム⑬

HÄNDELSER I STOCKHOLM

ストックホルム 事件簿

KOLUMN

FRIIDROTT

人口あたりオリンピックメダル数
第4位のスポーツ大国

　スウェーデンは、人口1,000万人の小国にもかかわらず、オリンピックでの総メダル獲得数、金メダル獲得数ともに世界第8位にランクされる。人口比換算ならさらに順位を上げ、第4位へと躍り出る。映画「ボルグ/マッケンロー 氷の男と火の男（Borg）」で再び注目を集めたテニスのビヨン・ボルグ（Björn Borg）やステファン・エドベリ（Stefan Edberg）、史上最高の女子ゴルファー、アニカ・ソレンタム（Annika Sörenstam）や圧倒的な強さを誇ったスラローム・スキーヤー、インゲマール・ステンマルク（Ingemar Stenmark）、卓球史上最高の呼び声も高いヤン＝オベ・ワルドナー（Jan-Ove Waldner）など圧倒的な技術と強さで世界のトップに君臨した選手をさまざまな種目で輩出している。

ISHOCKEY OCH FOTBOLL 132

人気を二分する
アイスホッケーとサッカー

　スウェーデンで一番人気の高いスポーツが、アイスホッケーとサッカー。北欧や北米のホッケー人気は日本では想像がつかないほどだ。「3つの王冠（Tre Kronor）」の愛称で親しまれる男子アイスホッケー代表チームは、世界選手権2連覇中。盛り上がらないはずがない。サッカーでも、男子は、2018年W杯で"死の組"を首位突破してベスト16に進出。女子はリオに続き東京五輪2020でも銀メダルを獲得。ホッケー界の歴代の名選手には、ニクラス・リドストロム（Niklas Lidström）、ピーター・フォースバーグ（Peter Forsberg）等がいる。サッカーでは、ズラタン・イブラヒモヴィッチやヘンリク・ラーション（Henrik Larsson）が、日本でも有名。競技人口は、道具にカネのかからないサッカーの方が断然多い。

Foto:Johan Willner/imagebank.sweden.se

STOCKHOLM MARATHON 133

世界有数の
美しいコースを走るマラソン

　ストックホルム・マラソンは、世界有数の美しいコースを誇る都市型マラソン。2018年に40回目を迎えた歴史ある大会で、世界90カ国以上から約7,500人の外国人ランナーが参加する国際的な大会でもある。

　緑豊かなユールゴーデン、中世の街並みが残るガムラスタンなど個性豊かな市内各地区を駆け巡った後は、1912年のオリンピックの際に建設された由緒ある競技場内のゴールが、観客の声援とも相まって完走の瞬間を盛り上げてくれることだろう。

　レース前後には、同競技場に隣接する広大な人工芝のエステルマルム運動公園でゆったりと準備やアフターケアをすることができ、登録や貴重品預かりなどの運営もしっかりしていているので、初めての海外マラソンとしても十分楽しむことができる。

Foto: Thomas Windestam deca text&bild

STOCKHOLMS STADION 134

世界記録が世界一生まれた
陸上競技場

　1912年開催の夏季オリンピック会場としてナショナル・ロマンティシズム様式で建造されたストックホルム競技場は、煉瓦造りの時計塔が目を引く、いかにも由緒ある佇まい。正門前には、1937年に加えられたカール・エルドやカール・ファイエベリ（Carl Fagerberg）作の躍動感溢れるランナーたちの銅像が立つ。特にフェイエベリが手がけたリレー走者の像は、リレーや駅伝好きの日本人の心にも強く訴えるものがある。現役の陸上競技場としては世界で最も古いものの一つであり、歴代の世界記録が最も多く生まれた競技場でもある。通常の収容人数は、1万4,000人程度と小規模ながら、プロ・サッカーチームの本拠地だった時期もあり、コンサート開催時には3万人を超える観衆を集めることも。

MAURTEN 135

マラソン世界新記録に貢献した
スポーツドリンク

　2018年のベルリン・マラソンで2:01:39の世界新記録を樹立したエリウド・キプチョゲをはじめ、世界の超一流マラソンランナーのほとんどが愛用するスポーツドリンクが、ヨーテボリで生まれたモルテンだ。

　開発者自身もトライアスリート。独自のハイドロゲル化技術で競技中のアスリートの胃に負担をかけずに従来可能とされていた濃度の2倍の糖質を吸収させることを可能にしている。マラソン、トライアスロン、自転車など持久系スポーツを中心に大きな成果を上げており、サッカーチームの英トッテナムにも採用されている。高濃度かつ香料などで調節していないため、甘さはきつい。2018年には、従来の粉末タイプに加えて、携行に便利なジェル・タイプのGEL 100も一部地域で発売が開始された。

VASALOPPET 136

世界最古にして最大の
クロスカントリー・スキー大会

　16世紀にデンマークからの独立戦争に勝利して国王に即位したヴァーサにまつわる逸話にちなみ、1922年に独立記念行事として創設されたバーサーロペットは、世界最古、最大のクロスカントリー・スキー大会。毎年3月の第一日曜日開催で、ダーラナ地方のセーレン (Sälen) からムーラまでの90kmを走るメイン競技の定員は1万5,800人 (2019年) という規模だが、世界各国からの申し込みでいつもあっという間に埋まってしまう。コース中のエイドステーションでは、スポーツドリンクの他に、ビルベリーのスープもふるまわれる。1981年からは、旭川でバーサーロペット・ジャパンが開催されていて、人気を博している。1986年にはカール16世グスタフ国王も来日して参加された。

vasaloppet.jp (バーサーロペット・ジャパン)　Foto: Steven Hale (creativecommons.org/licenses/by-sa/3.0)

LÅNGFÄRDSSKRIDSKOR 137

凍てつく自然の中で
ノルディック・スケートを

　ノルディック・スケートをご存知だろうか？　凍った川や湖の上を長い距離進んでいくスケートのことで、いわばクロスカントリーのスケート版。通常のスケート靴より長めの50cmほどあるブレードを使う。ストックホルムのメーラレン湖を滑る人もいれば、塩分が少なくしっかり凍るバルト海上を滑ることさえできる。時に氷の上に反射する空や雲が幻想的な光景を醸し出し、特に薄い新氷の上を滑るのは快感だという。冬の観光の際に、ツアーやガイドを頼れば、北欧ならではの真に特別な体験ができるだろう。ただし、自然が相手なので、氷が裂けるリスクも念頭に。毎年何人かは帰って来ないなんて本気とも冗談ともつかない話もあり、パニック予防のための氷の穴から落ちる練習コースまである。

Foto:Fredrik Schlyter/imagebank.sweden.se

2019年、NHK大河ドラマ「いだてん〜東京オリムピック噺〜」の主人公として、「日本マラソンの父」と呼ばれ、箱根駅伝の創始者でもある金栗四三が登場した。

金栗は、日本初のオリンピック選手の一人として、1912年のストックホルム・オリンピックに出場。当時非公式ながら三度世界記録を出しており、大いに期待されたが、シベリア鉄道での長旅と予想外の暑さのためレース中に体調を崩し、近隣の農家で介抱されることに。そのまま帰国の途についてしまったため、現地では、「消えた日本人」として話題になった。

後年、ストックホルム・オリンピック55周年記念式典に招待されて競技場を走り、54年8ヵ月6日5時間32分20秒3という記録でゴールするという粋な演出を経験している。

2018年8月下旬、「いだてん」で金栗を演じる中村勘九郎の指導のためストックホルムでの現地ロケに同行したランニング・コーチの金哲彦は、「パリとベネチアと軽井沢が一緒になったような」この街がすっかり気に入ったそうで、「スウェーデン人の真面目さと優しさ、英語力と環境意識の高さに

SHISO KANAKURI

コラム⑭

「消えた日本人」が
大河ドラマの主人公に

KOLUMN

は敬服しています。ナチュラルでシンプルだけど、スタイリッシュで元気な生活を満喫するスウェーデンの人たちと仕事ができたことは一生の宝です」とまで語っている。

コラム⑮

FUKUOKA OCH SVERIGE

東京オリンピックの事前合宿地、福岡

　東京オリンピック2020の事前合宿地としてスウェーデンとノルウェーのオリンピック委員会が選んだのが、福岡市。スウェーデンは北京五輪の際にも同市を使っており、その時からのお気に入り。他国・他自治体に先駆け、一番乗りでの合宿地決定に至った。また、福岡市は、中規模先進都市圏の国境を越えた相互連携を目的とする国際地域ベンチマーク協議会IRBCに、ストックホルムやヘルシンキ等と並んで、日本から唯一参加している。さらに、県内久留米市に本部を置くイマジンワンワールドによるKIMONOプロジェクトの一環として、在福岡スウェーデン名誉領事館が置かれる古賀市の西部技研の支援で生まれた同国がモチーフの着物は、2017年夏現地に渡り、オレブロー城でお披露目されている。

KIRUNA OCH JUKKASJÄRVI

オーロラと鉱山とアイスホテルの街

　北極圏に位置する人口1万8,000人ほどの街キルナは、スウェーデン最北の都市。夏は白夜となり、冬はオーロラが見られる。例年クリスマス前後には、日本からも直行便が飛ぶ。産業の中心は、世界的に有名な良質のスウェーデン鋼が採鉱されるキルナ鉱山。現在は1,000m以上の地下をコンピュータ制御で掘り進めていて、鉱山内は最新の通信技術

138

5Gの実験場としても活用されている。陥没のおそれがある6,000人ほどが住む地域を街ごと3kmほど東に移動させる巨大プロジェクトも進行中で、世界の注目を集めている。名建築として名高いキルナ教会や犬ぞりツアー、ヘラジカ・サファリなど観光資源も豊富で、近隣のユッカスヤルヴィ (Jukkasjärvi) は、世界初の氷のホテルがあることで有名だ。

INGMAR BERGMAN 139

映画史上に輝く巨匠

　イングマール・ベルイマンは、世界の映画史上に大きな足跡を残した巨匠。ストックホルムの街や群島を舞台にした1952年の「不良少女モニカ (Sommaren med Monika)」でヌーヴェル・バーグの作家たちから賞賛を浴びる。その後も、「第七の封印 (Det sjunde inseglet)」、「野いちご (Smultronstället)」、「ファニーとアレクサンデル (Fanny och Alexander)」など野心的な作品を次々と発表し続けた。2016年秋には、ベルイマンが、黒澤明とフェデリコ・フェリーニとの共同プロジェクトのため1969年に執筆しながらもお蔵入りとなっていた脚本「レベッカとの64分 (Sextiofyra minuter med Rebecka)」をスザンヌ・オステン (Suzanne Osten) の監督で映画化する計画が発表されている。

GRETA GARBO OCH INGRID BERGMAN

140

ハリウッドを魅了した二人の大女優

　グレタ・ガルボは、眼差しやわずかな仕草で感情を表現する映像時代の演技でサイレント映画を象徴するスターとなった。トーキー時代の1930年代も、映画会社のスウェーデン語訛への懸念を他所に、ヒット作を生み続ける。森の墓地にあるガルボの墓石には生没年がなく、彼女のサインだけが刻まれているのも、永遠のスターならでは。

　イングリッド・バーグマンも、その自然な美しさと思慮深い演技で、瞬く間にハリウッドを魅了した。アカデミー主演女優賞を2度、助演女優賞を1度受賞。代表作「カサブランカ」は、現在も世界中で愛され続けている。彼女の遺灰は、お気に入りの保養地だったフィエルバッカ (*Fjällbacka*) 沖で散骨された。

LUKAS MOODYSON OCH RUBEN ÖSTLUND

「人間」と向き合う現代の監督たち

　ルーカス・ムーディソンの青春映画「ショー・ミー・ラブ (Fucking Åmål)」は、本国では同時期公開の「タイタニック」を上回る大ヒットを記録した。「リリア4-ever (Lilja 4-ever)」は、旧ソ連からスウェーデンに連れて来られ売春を強要された少女を題材にした衝撃作。「ウィー・アー・ザ・ベスト (Vi är bäst!)」は、妻ココの漫画が原作の痛快作だ。

　今一番波に乗るのが、「ザ・スクエア 思いやりの聖域 (The Square)」でカンヌ映画祭パルム・ドールを受賞したリューベン・オストルンド。前作「フレンチアルプスで起きたこと (Turist)」や東京映画祭で上映された「プレイ (Play)」でも一貫して、触れられたくない人間の弱さや、正しくあることの難しさと向き合い、論議を呼ぶ作品を作り続けている。

Foto: Ruben Östlund by Frankie Fouganthin (creativecommons org/licenses/by-sa/4.0)

SVENSKA SKÅDESPELARE
I HOLLYWOOD

ハリウッドで活躍する俳優たち

　ハリウッド映画でもお馴染みの男優には、「エクソシスト」のメリン神父、マックス・フォン・シドー (Max von Sydow)、「ロッキー4」で敵役のロシア人ボクサーを演じたドルフ・ラングレン (Dolph Lundgren)、「ジョン・ヴィック」でロシアン・マフィアのボスに扮したミカエル・ニクヴィスト (Mikael Nyqvist) 等がいる。女優なら、「ミッション・インポッシブル」の最新2作のヒロインで、「グレイテスト・ショーマン」ではジェニー・リンドを演じたレベッカ・ファーガソン (Rebecca Ferguson)。そして、今一番の注目は、「エクス・マキナ」、アカデミー助演女優賞に輝いた「リリーのすべて」、「トゥームレイダー ファースト・ミッション」と話題作が続くアリシア・ヴィカンデル (Alicia Vikander) だろう。

Foto: Alicia Vikander by Patrick Karlsson (creativecommons.org/licenses/by/3.0)

おすすめ映画セレクション
TOPPLISTA - FILMER

01 『仮面／ペルソナ』イングマール・ベルイマン (1966)
アイデンティティの危機を美しくもミステリアスに描く。

02 『スウェーディッシュ・ラブ・ストーリー』ロイ・アンダーソン (1970)
「リビング・トリロジー」三部作で名を馳せる異才の瑞々しいデビュー作。

03 『移民者たち』ヤン・トロエル (1971)
北米への大量移民を描いたモーベルイの歴史小説の映画化。

04 『マイ・ライフ・アズ・ア・ドッグ』ラッセ・ハルストロム (1985)
ハリウッドで活躍するハルストロムのスウェーデン時代の代表作。

05 『ショー・ミー・ラブ』ルーカス・ムーディソン (1988)
田舎に住む多感な少女たちの青春を描いた大ヒット作。

06 『Jalla! Jalla!』ヨセフ・ファーレス (2000)　©日本未公開
レバノンから移住した監督が、文化の衝突をユーモラスに描く。
「Jalla!」は、アラビア語で「急げ!」という意味。

07 『歓びを歌に載せて』ケイ・ポラック (2004)
国民的俳優ニクヴィストが合唱で村人たちの心を開く指揮者を名演。

08 『ぼくのエリ 200歳の少女』ヨン・アイヴィデ・リンドクヴィスト (2008)
孤独な少年と少女の交流を軸にした
異色の吸血鬼小説を原作者が映画化。

09 『フレンチアルプスで起きたこと』リューベン・オストルンド (2014)
人間の弱さと正面から向き合う出色の脚本はオストルンド監督の真骨頂。

10 『幸せなひとりぼっち』ハンネス・ホルム (2015)
孤独で偏屈な老人とイラン人女性とその家族の交流を温かい目で描く。

STOCKHOLMS
STADSBIBLIOTEK

143

図書館でアスプルンドの
美しい空間に浸る

留学生でもなければ、異国の地で図書館を訪れる機会はあまりないかもしれない。しかし、1928年開館のストックホルム市立図書館は観光名所としても訪れる価値のある美しい場所だ。アストリッド・リンドグレーンが住んでいたことでも知られるヴァーサスタン（Vasastan）地区にあり、最寄駅は北欧神話の神の名がつくオーデンプラン（Odenplan）。スウェーデンを代表する建築家グンナール・アスプルンド（Gunnar Asplund）の設計による、この国初の開架式図書館で、正面の階段を上って円形のホールに入ると周囲をグルっと本に囲まれ、一種荘厳な雰囲気を感じることができる。誰でも無料で入ることができ、Wifiやコンセントも完備。カフェも併設されている。ただし、トイレは有料だ。

AUGUST STRINDBERG 144

スウェーデン文学を代表する巨匠

　アウグスト・ストリンドベリは、スウェーデン文学史を代表する劇作家であり小説家。非常に多作で、その作品の多くには、波乱万丈だった自身の体験が色濃く反映されている。ストックホルムのレストランを舞台に作家や芸術家たちの生活を風刺的に描いた1879年の小説「赤い部屋（Röda rummet）」は、彼の出世作であると同時に、スウェーデンにおける自然主義文学の先駆け。白夜の夏至祭を背景に男女の相克や階級間の対立を描いた戯曲「令嬢ジュリー（Fröken Julie）」は、自然主義演劇の代表作とされ、ビルギット・クルベリ演出・振付でバレエ作品としても上演されている。ストリンドベリが残した高度に抽象的かつ象徴的な風景画も、時代に先駆ける作品として、国際的に高い評価を得ている。

MILLENNIUM　　　　　　　　　　145

北欧ノアールの大ベストセラー

　「ミレニアム」3部作は、世界中で8,000万部以上を売り上げたスティーグ・ラーソン（Stieg Larsson）作の大ベストセラー推理小説であり、近年人気の"北欧ノアール"ジャンルの代表作。2009年に本国で映画化され、主演のノオミ・ラパス（Noomi Rapace）やミカエル・ニクヴィストのハリウッド進出のきっかけとなった。2011年にはハリウッド版「ドラゴンタトゥーの女」も公開されたが、同作主演のルーニー・マーラが話すスウェーデン語訛り風の英語は、現地ではあまり評判がよろしくない。ストックホルム市博物館（Stadsmuseet）が提供しているミレニアム・ウォーキングツアーは、英ロンリープラネットによって「世界一の文学散策ツアー」に選出されている。

おすすめ文学セレクション
TOPPLISTA - LITTERATUR

01 『赤い部屋』アウグスト・ストリンドベリ (1879)
　　ストックホルムの居酒屋に集う芸術家群像を描いた自然主義小説。

02 『ニルスの不思議な旅』セルマ・ラーゲルレーヴ (1906-07)
　　スウェーデン中を旅する中で成長していく14歳の少年ニルスの物語。

03 『笑う警官』マイ・シューヴァル＆ペール・ヴァールー (1968)
　　マルティン・ベックを主人公とする人気警官小説。社会情勢も色濃く映す。

04 『白い沈黙』シャスティン・エークマン (1993)
　　白夜にノルウェー国境に近い湖畔で起こった事件を巡る傑作ミステリー。

05 『白夜の森』マリアンネ・フレデリクソン (1994)
　　ジャーナリストでもある作家が、封建時代に強く生きた女性たちを描く。

06 『目くらましの道』ヘニング・マンケル (1995)
　　刑事ヴァランダー・シリーズ第5作。英国推理作家協会賞最優秀長編賞受賞。

07 『悲しみのゴンドラ』トーマス・トランストロンメル (1996)
　　「隠喩の巨匠」と呼ばれる2011年ノーベル文学賞受賞詩人の詩集。

08 『世界の果てとビートルズ』ミカエル・ニエミ (2004)
　　フィンランド系作家が、国境の田舎町に住む少年たちの青春を綴る。

09 『ミレニアム1 ドラゴン・タトゥーの女』スティーグ・ラーション (2005)
　　作者の没後に出版され、世界中に北欧ミステリー・ブームを巻き起こした。

10 『窓から逃げた百歳老人』ヨナス・ヨナソン (2009)
　　デビュー作にしてこの年最大のベストセラー。映画版も世界的に大ヒット。

アストリッド・リンドグレーン作品は、殿堂入り扱いとし、本リストからはあえて除外。
また、映画化された作品については、重複しないよう原作か映画のどちらかにとどめた。

FOTOGRAFISKA

146

世界有数の写真美術館

　セーデルマルム島のスルッセン駅近くの海辺に、煉瓦造りの旧税関を改装して2010年にオープンした世界的な写真美術館フォトグラフィスカは、年間50万人以上が訪れるストックホルムで最も人気の高い文化施設の一つ。世界的ビッグネームや気鋭の新進写真家の展覧会を複数同時開催している他、見晴らしのよいカフェや旬な素材を革新的な調理で提供するレストラン、写真集の品揃えは欧州一と評判のショップも魅力的。世界一"オープン"な美術館として、毎日午前10時から午後11時まで開館中。その勢いは国内にとどまらず、現在ニューヨークやバルト三国・エストニアのタリンに分館を構える他、ベルリンへの進出も準備中だ。

www.fotografiska.com（フォトグラフィスカ）

SÖDERMALM 147

眺望ポイントも満載の
ヒップな街

www.pomochflora.se（ポム・オッ・フローラ）

ストックホルムの「南の島」セーデルマルム、通称"セーデル (Söder)"は、クリエイターが多く住むヒップな街。落ち着いた街並みに人気のカフェやトレンディなショップが並ぶ。中でも、ポム・オック・フローラ (Pom och Flora) は、街一番の朝食スポットと評判だ。ニューヨークのSoHoを意識してSoFoと呼ばれる通り、フォルクンガガータン (Folkungagatan) 南の一画には、ファッション関連の店舗がひしめく。

　高台が多く、カタリーナ教会 (Katarina kyrka) 近くのフィエルガータン通り (Fjällgatan) など絶景ポイントにも事欠かない。隣接する小島、ロングホルメン (Långholmen) は、市内随一の遊泳スポット。そう、ストックホルムの水は、都会の真ん中であっても泳げるほどきれい。勇気さえあれば、裸で飛び込んでもOKだ。

ストックホルムのおすすめ眺望セレクション
TOPPLISTA - UTSIKTSPLATSER I STOCKHOLM

01　ストックホルム市庁舎　Stadshuset
5〜9月の間、106mある塔の展望階まで上ることができる。
リッダーホルム教会方向を臨む景観は特に有名で
ストックホルムの絵葉書や観光資料などにもしばしば登場する。
international.stockholm.se/the-city-hall/

02　カステルホルメン島　Kastellholmen
金の王冠が目印のシェップスホルム橋や
シェップスホルメン島から眺めるガムラスタンやストランド通りも
この街を象徴する景観。さらに一つ橋を渡った先の小島カステルホルメンの
小高い丘にもぜひ登ってみよう。

03　エリクソン・グローブ・アリーナ・スカイビュー　Ericsson Globe Arena SkyView
通称「グローベン(Globen)」と呼ばれる巨大な球体状の
アリーナの外壁を球状のゴンドラで頂上まで上ることができる。
地上85.2m、海抜130m。アリーナ自体は人気ミュージシャンが公演する
大規模コンサート会場として有名。
www.stockholmlive.com/en/skyview/about-skyview

04　フィンナルヴィクスベリエット　Skinnarviksberget
セーデルマルムにある市内の自然地形の最高点にあたる丘。
クングスホルメンを見渡すことができ、
地元の人のピクニックやパーティーに人気。

05　モンテリウスヴェーゲン　Monteliusvägen
同じくセーデルマルムの北側の崖の上にある、
市庁舎やリッダーホルム教会を臨む416mの小さな遊歩道。
雪や氷に覆われる冬は、足元に気をつけて。

06　フィエルガータンズ・カフェストゥーガ　Fjällgatans Kaffestuga
シェップスホルメンやユールゴーデンを見渡すセーデルマルムの
崖の上にある絶景のカフェ。
眼下の港にはバイキングラインの巨大フェリーが停泊。

07　エリクス・ゴンドーレン　Eriks Gondolen
スルッセン駅の傍にそびえるフレーム状建造物上の眺望レストラン。
TVでも人気のエリック・ラレルステッド（Erik Lallerstedt）が
手がけていたが、名物エレベーターのカタリーナ・ヒッセン
（Katarina Hissen）を含む建造物全体の改装工事が長引いていて、
営業再開は2023年以降となる見込み。

08　タック　Tak
ホテルAt Sixと同じビルを別の入り口から上ると、
「屋根」という名の人気のテラス、バー、
そして日本食にインスパイヤされたレストランがある。
tak.se/en/

09　ルーフトップ・ツアー　Takvandring
冒険好きなら、ヘルメットと命綱を付けて、
リッダーホルム島にある旧国会議事堂の上で
文字通り「屋根の上の散歩」を楽しむガイドツアーもある。
takvandring.com/en/book-rooftop-tours/

10　気球ツアー　Ballongflyg
さらに上空から絶景を楽しめるのが、気球ツアー。シャンパンつきで、
一人2,600クローネ（約34,000円）。所要時間は約4時間だ。
www.ballong.se/

Foto:Jeppe Wikström/mediabank.visitstockholm.com

BÅTRESA

氷の海を砕いて進むバルト海クルーズ

　ぜひ一度試してみたいのが、フィンランドのヘルシンキやエストニアのタリン、ラトビアのリガなどバルト海東岸の魅力的な都市とストックホルムとを結ぶクルーズ。夕方巨大なフェリーに乗り込み、一晩かけてバルト海を横断した後、翌朝対岸の街に入港する。船内は、免税店や各種レストラン、バー、サウナなどが充実し、動くホテルのよう。スモーガスボードを予約しておいて、典型的な北欧料理に舌鼓を打つのもいいだろう。ライブ演奏やカラオケもあり、思い思いのやり方で旅情を楽しむことができる。サンデッキで群島やヨットの向こうに沈む夕陽を眺めながらグラスを傾けることができる夏も、凍ったバルト海の氷をメキメキ砕く音を聞きながら進む冬も、忘れがたい思い出となることだろう。

LUCIA 149

蝋燭のリースが印象的な祝祭

　12月13日は、キリスト教の殉教者、日本でもナポリ民謡「サンタルチア」で知られる聖ルシアの聖名祝日。北欧のルシア祭で歌われる歌詞では、闇の中から光とともに現れる。キリスト教伝来以前から北欧に存在した「光の祝祭」と結びついて大々的に祝われるようになったといわれる。毎年、白い衣装を身に纏い蝋燭のリースをつけるルシア役が、各学校や地方で公募される。土地柄伝統的には金髪の少女のイメージが強いが、今日では白人以外の子どもや男の子がルシアに扮することも。ショッピングモールや教会などで"ペッパルカーカ (Pepparkaka)"と呼ばれるこの季節の風物詩ジンジャークッキーが配られる他、ルッセカット (Lussekatt) というサフラン入りのロールパンを食べる習慣もある。

Foto:Cecilia Larsson Lantz/imagebank.sweden.se

JUL

冬を華やかに彩るクリスマスに
「スコール(乾杯)!」

　「ユール (jul)」と呼ばれるクリスマスは、信仰心の薄い現代のスウェーデン人にとっても特別な年中行事。11月末には、カウントダウンであるアドベント (advent) の蝋燭に火が灯り、街にツリーやマーケットが立って、暗い北欧の冬が華やいで来る。

　プレゼント交換などメインのお祝いは、イブにあたる12月24日の夜「ユールアフトン (julafton)」に催される。家族が集まり、数多くの料理が並ぶ食卓を囲むクリスマス版スモーガスボード「ユールボード (julbord)」は、さながら伝統料理のショーケースのよう。ツリーを片付けるのは、1月13日の聖クヌートの日 (tjugondedag Knut) になってから。ツリーの周りで歌い踊り、装飾を剥ぎ取った後、窓の外に放り投げる風習があった。今は不法投棄で処罰の対象になりかねないのでご注意を。

　さて、「小さな大国」スウェーデンへの興味はまだまだ尽きないけれど、今回はここまで。スウェーデン語で乾杯は、「スコール (Skål)!」。グラスを高く持ち上げ、お互いの瞳を見つめ合ってから、グラスに口をつける。それでは、読者の皆様とスウェーデンの幸せな出会いや旅路を祈念して、「スコール!」。またどこかでお会いしましょう!

BILAGA I

基本情報

【国名】	スウェーデン王国（Sverige）
【面積】	約45万km²（日本の約1.2倍）
【人口】	約1,038万人（2020年12月）
【首都】	ストックホルム
【言語】	スウェーデン語（英語もよく通じる）
【民族】	スウェーデン人、フィンランド人、サーミ人　他
【宗教】	福音ルーテル派が多数
【建国】	1523年（カルマル同盟より独立。グスタフ1世が即位）
【政体】	立憲君主制
【議会】	一院制（349議席、任期4年）
【気候】	南北に長いため地域差があるが、海流の影響で緯度の割には温暖。ストックホルムで札幌くらい。変化が激しいので、幅広く対応できる服装を。
【通貨】	スウェーデン・クローナ（SEK）。1クローナ＝約13円（2021年10月現在）
【物価】	北欧の中では割安感があるが、日本や欧州平均より数割高い
【クレジットカード】	ほとんどの場所で少額から利用可能。現金お断りのところも
【チップ】	伝統的に習慣はないが、端数や10％程度を上乗せする人も多い。カード会計でもチップを加算する選択肢がある
【電圧】	220V/50Hz　プラグ　Cタイプ（丸ピン2本）
【時差】	夏（3月最終日曜〜10月最終日曜）は-7時間、冬は-8時間。
【治安】	比較的安全。人の集まるところでの置き引きには注意。
【入国】	180日間でシェンゲン協定加盟国内の滞在が90日以内であれば、ビザは不要。パスポートの有効期間が、出国時3ヶ月以上必要。新型コロナウイルス関連の規制については、大使館などで最新情報を確認のこと。

スウェーデンへの行き方

　全日空が2020年6月に予定していた直行便の就航がコロナ禍で延期になったため、現時点では、フィンランドのヘルシンキ（フィンエアー）やデンマークのコペンハーゲン（スカンジナビア航空）などで乗り継ぐことになる。南部のマルメなら、コペンハーゲンのカストラップ空港からの直通電車に乗って約25分で到着。ヨーテボリは、オスロやコペンハーゲンからもストックホルムからも電車でおよそ3時間〜3時間半。ヘルシンキ−ストックホルム間は大型フェリーもおすすめ。

　北欧の都市間の空路移動は、スウェーデン、ノルウェー、デンマーク共同運営のスカンジナビア航空の他、ノルウェーの国営LCCノルウェージアン航空が安価なフライトを多く飛ばしている。北欧の空港はITやセルフサービスによる合理化が進んでいる一方、日本のような人手をかけた手厚いサービスは期待できないことを留意しておきたい。

【観光情報】	在日スウェーデン大使館公認観光情報	letsgo-sweden.com
【航空便の比較検討】	skyscanner	www.skyscanner.jp
	Google flights	www.google.com/flights
【宿泊手配】	Booking.com	www.booking.com
【地図】	Google Map	www.google.co.jp/maps
	◎ 旅先での移動中にオフラインでも表示できるよう 渡航先の地図をあらかじめスマホにダウンロードしておくと便利	
【交通】	総合乗換案内	www.rome2rio.com
	SL（ストックホルム公共交通）	sl.se/en/
	SJ（スウェーデン鉄道）	www.sj.se
	Uber（配車）	www.uber.com

BILAGA II

もっと知りたいスウェーデン

【WEBBSIDOR】
スウェーデン大使館　www.swedenabroad.se/ja/embassies/japan-tokyo/
スウェーデン公式サイト　sweden.se
一般社団法人 スウェーデン社会研究所　jissnet.com
All about 旅行 スウェーデン　allabout.co.jp/gm/gt/2852/
スウェーデンスタイル　swedenstyle.com
The SWEDEN HOUSE　www.swedenhouse.co.jp/magazine/
mjuk　www.swedenhouse.co.jp/mjuk/
SWEDENavi　swedenavi.com
北欧ヒュゲリニュース　hyggelig-news.com
北欧総合情報サイト（北欧区）　www.hokuwalk.com/
北欧BOOK　hokuobook.com
北欧文化協会　www.hokuobunka.org
SADI 北欧建築・デザイン協会　www.sadi.jp
大阪大学世界言語eラーニング スウェーデン語　el.minoh.osaka-u.ac.jp/lang/sweden/
スウェーデン・アカデミー スウェーデン語辞書集　svenska.se

【BOCKER】
『北欧文化事典』
（北欧文化協会・バルト＝スカンディナヴィア研究会・北欧建築・デザイン協会／丸善出版／2017）
『スウェーデンを知るための60章 エリア・スタディーズ』（村井誠人著／明石書店／2009）

『わたしの北欧案内 ストックホルムとヘルシンキ』(おさだゆかり著／筑摩書房／2018)
『3日でまわる北欧 in ストックホルム』(森百合子著／スペースシャワーネットワーク／2017)
『3度めの北欧 スウェーデン西海岸、空とカフェの日々』(森百合子著／スペースシャワーネットワーク／2018)
『生活に溶け込む北欧デザイン』(萩原健太郎著／誠文堂新光社／2008)
『北欧デザイン 旅案内』(萩原健太郎著／学研パブリッシング／2015)
『スウェーデンが見えてくる「ヨーロッパの中の日本」』(森本誠二著／新評論／2017)
『スウェーデン・モデル：グローバリゼーション・揺らぎ・挑戦』(岡澤憲芙・斉藤弥生著／彩流社／2016)
『みんなの教育 スウェーデンの「人を育てる」国家戦略』
(澤野由紀子、鈴木賢志、西浦和樹、アールベリエル、松井久子、川崎一彦著／ミツイパブリッシング／2018)
『スウェーデンの小学校社会科の教科書を読む：日本の大学生は何を感じたのか』
(ヨーラン・スバネリッド著・鈴木賢志・明治大学国際日本学部 鈴木ゼミ訳／新評論／2016)
『人を見捨てない国、スウェーデン』(三瓶恵子著／岩波書店／2013)
『日本・スウェーデン交流150年：足跡といま、そしてこれから』(日瑞150年委員会／彩流社／2018)
『北欧女子オーサが見つけた日本の不思議4』(オーサ・イェークストロム著／KADOKAWA／2018)
『地球の歩き方 北欧 2020-2021』(地球の歩き方編集部／ダイヤモンド社／2018)
『TRANSIT 19号 美しき北欧の光射す方へ』(講談社／2012)
『フィガロ ヴォヤージュ Vol.36 北欧で探す、幸せな暮らし。
(コペンハーゲン・ストックホルム・ヘルシンキ)』(CCCメディアハウス／2017)

◎ 近年刊行されたものを中心に主なスウェーデン・北欧関連書籍、ムックをリストアップ。

INDEX

インデックス

ABBA	P92,106	アンデシュ・ソーン	P104,105
Acne Studios	P168,196	イングマール・ベルイマン	P156,187
At Six	P64,65		P190,222
H&M	P92,109,164	イングリッド・バーグマン	P190,223
HOBO	P65	ヴァーサ号博物館	P98,194
IKEA	P92,181	ヴェーテ・カッテン	P60,202
Skype	P184	ヴァルデマーシュッデ	P95,99
Spotify	P184	エイエス	P204
Swish	P186	エステルマルム	P42,62,83,160,188,212
THE BRIDGE	P131	エリクソン	P54,180,185
		オーレンス	P160
【ア】		王宮	P45,72,77,134,136,145
ア・デイズ・マーチ	P166	王立演劇場(ドラマテン)	P190
アーティペラーグ	P158,159	王立歌劇場	P60,74,75
アードベッグ・エンバシー	P129	王立公園(クングストレードゴーデン)	
アイスホッケー	P211,218		P60,72,74,80,160
アイスホテル	P115,220	小野寺信	P71
アウグスト・ストリンドベリ	P48,232	オレフォス	P79
アストリッド・リンドグレーン	P52	オロフ・パルメ	P69,147,208
	P187,231		
アフ・チャップマン	P80,84	【カ】	
アルフレッド・ノーベル	P54,55,172	カール・エルド	P48,214

カール・ミレス	P49,57・99,190	【サ】	
カール・ラーション	P105,190	サーミ	P35
金栗四三	P215	サッカー	P130,211,214
ガムラスタン	P42,47,83,84	シェップスホルメン	P43,78,80,83,84
	P129,134,212	自然享受権	P154
カヤック	P44,61,87,163,171	シティバックパッカーズ	P61
ギャレリアン	P72,160	シナモンロール	P201,202
キルナ	P140,220	スウェーデン王室	P96,137,193,204
グスタフスベリ	P159	スヴェンスクト・テン	P192
クリスマス	P33,121,122,127	スカンセン	P95,113,194
	P134,196,201,220,242	スコーネ	P31,122,128,130
グルーナ・ルンド	P112	ストゥッテルハイム	P162
グレタ・ガルボ	P56,160,187,190,223	ストックホルム	P31,40,44,45
クングスホルメン	P86,90		P47,48,49,59,60,61,62
夏至祭	P33,104,113,117		P71,84,90,95,113,115
	P121,122,127,199,232		P124,138,160,166,168
ゴーディス	P203		P182,193,204,206
国立図書館	P95,193		P217,219,223,235,237,240
国立美術館	P60,76,80	ストックホルム・コンサートホール	
	P104,105,159		P49,57
コスタ・ボダ	P79	ストックホルム・シンドローム	P168,209
ゴットランド島	P129,146,151,195,196	ストックホルム・マラソン	P87,212,214

ストックホルム競技場	P212,214	トンネルバーナ	P58
ストックホルム近代美術館	P80,82 P101	【ナ】	
ストックホルム市庁舎	P46,48,87 P88,140	ヌーディー・ジーンズ	P169
		ノーベル賞	P47,54,55,56 P57,92,179,205
ストックホルム市立図書館	P230	ノルディスカ・コンパニエット（NK）	P72,160,209
スモーランド	P52,68,79,181		
スモーガスボード	P126,240,242	ノルディック（クロスカントリー）・スケート	P217
セムラ	P201		
セーデルマルム	P83,162,235,236	ノルマルム	P42,60,77,168
セルゲル広場	P60,64,66 P110,148,209	【ハ】	
セルマ・ラーゲルレーヴ	P56,187	バーサーロペット	P199,216
セントラルバーデット	P62	ハッセルブラッド	P179
		バルト海クルーズ	P240
【タ】		ハンス・ロスリング	P172
ダーラナ	P104,105,116 P118,216	ヒルマ・アフ・クリント	P82,100
ダーラヘスト	P118	フィーカ	P92,97,176,194 P200,201
ツリーホテル	P115		
ティールスカ・ギャラリエット	P99	フィリッパK	P164
トゥーラ・クレーン	P102	フェールラーベン	P163,196

フォトグラフィスカ（写真美術館）	P235
フムレゴーデン	P193
ブレンヴィーン	P128
ペレ・リデル	P109
北欧民族博物館	P49,95,98
ホテル・シェップスホルメン	P83
ボブルビー	P163
ボルボ	P171,178
ホワイトガイド	P125

【マ】

マックス・マーティン	P109
マッツ・エック	P75
マヤ・セフストロム	P65,90
マルメ	P31,44,130
	P131,140
ミュース	P132
ミレニアム	P233
ムーミン	P51,71,161
メーラパヴィリョンゲン	P88
モニカ・ゼタールンド	P107,110
モルテン	P218

【ヤ】

ヤンテの掟	P150,133
ユールゴーデン	P43,45,52,81
	P82,83,95,96
	P106,112,113
	P114,124,128
ユッカスヤルヴィ	P221
ヨーテボリ	P31,44,49,110,112
	P128,144,151,153,157
	P169,170,173,178,179
	P201,218

【ラ】

ラーゴム	P132
ラウル・グスタフ・ワレンバーグ	P70
リクスダーゲン（の議事堂）	P145
リセベリ	P112
リューベン・オストルンド	P224
ルーカス・ムーディソン	P224
ルシア祭	P241
ローゼンダール・トレードゴード	P114
ロールストランド	P161

EPILOG

あとがき

　スウェーデンを初めて訪ねたのは、米国滞在中の1994年のこと。実は、渡航前に読んだ武田龍夫著『住んでみた北欧 五つの国の最新事情』（サイマル出版会）がかなり辛辣な内容だったため、読書を通じてのこの国の印象は必ずしもポジティブなものではありませんでした。しかし、実際現地に赴いてみると、水の都ストックホルムと穏やかで律儀なこの国の人々の魅力にすぐさま取り憑かれてしまいます。必ず一度はここに住むと心に誓い、それが実現したのが、1996～97年のこと。

　ロータリー財団の国際親善留学生として1年間、シェップスホルメン島に移転して間もないストックホルム王立美術大学に通わせていただきました。本文中では触れる機会がありませんでしたが、この街の住宅難は非常に深刻で、日本の様に不動産屋に行けば物件が待っているわけではありません。所属大学に関わらず申し込みできる共同の学生寮もたくさんあるのですが、すぐに埋まってしまいます。結局1年間で市内三ヵ所を転々としたのですが、おかげで表情の違ういくつかの地区を体験することができました。そして、どこに住んでいても、大学のある島へと続く朝夕の通学路の光景は季節を問わず夢のように美しいものでした。

　現地のロータリークラブの会合でスウェーデン語でスピーチしたり、同クラブのご好意でその年100周年を迎えたノーベル賞の授賞式に出席したり、個展を開催したりと数多くの貴重な体験をさせていただきました。当時リクステステット（*Rikstestet*）と呼ばれていたスウェーデン語で正式な大学教育を受けるための語学試験にも合格。英語で不自由しな

いのに、なぜ850万人（当時の人口）としか話せないような言葉をわざわざ勉強するのかと訝しがられたのを覚えていますが、その後の人生を通じて、スウェーデン人はもちろん、スウェーデン語や北欧学を学ぶ世界中の友人たちと出会うきっかけとなったので、全く後悔はありません。

　帰国後、奇遇にも北九州の実家に戻った正にその日の朝刊にスウェーデンの大手通信会社エリクソン福岡事務所の通訳募集の告知を発見し、入社。その後、異例の抜擢で携帯電話の交換機設置工事のプロジェクト・マネージャーも経験。異なる立場で、スウェーデン人の上司や同僚と日本のクライアントとの間に入る仕事を体験しました。フリーになってからも、現地で版画を制作したり、スウェーデン文化交流協会（*Svenska Institutet*）主催の夏期講座に参加したり、ストックホルム・マラソンを走ったりと今でも毎年のように通っています。

　そんな私が、スウェーデンと日本との国交樹立150周年という記念の年に本書を上梓できたことは、望外のよろこびです。きっかけは、雷鳥社刊『世界遺産の都へ「ラトビア」の魅力100』の出版にあたって、著者の一人であり友人の三宅貴男さんにお声掛けいただき、コラムの執筆と監修を担当させていただいたことでした。同書に続き本書でも編集者の益田光さんにお世話になりました。執筆前は、つき合いが長く言葉もわかるスウェーデンの話ならすいすい書けるだろうとずいぶん楽観的に構えていたのですが、いざ蓋を開けてみると書きたいトピックや内容が多

過ぎて予定字数に収めるのに大苦戦。大幅なページ増量とスケジュール見直しを余儀なくされ、益田光さん、そしてレイアウトをご担当いただいたデザイナーの川島卓也さんには、大変ご迷惑をおかけしてしまいました。お二人のご尽力には、心より感謝いたします。

　そして、本書の執筆にあたってインタビューなどで直接ご協力いただいた皆様をはじめ、人生のさまざまな局面で出会ったスウェーデン人たち、そしてスウェーデンを通じて出会った友人たちにも、この場を借りて感謝の意を表したいと思います。情報・画像提供や使用許可をご快諾いただいた各団体・企業の皆様にも感謝申し上げます。

　スウェーデン社会で生活した体験は、私に他では気づくことのできなかった考え方や社会のあり方を教えてくれました。本書を手に取っていただいた理由や読者の皆様一人一人のご興味はさまざまだと思いますが、本書がこの国への興味をさらに搔き立て、また違った角度から見つめる一助になれば幸いです。

　この『北欧の小さな大国「スウェーデン」の魅力150』という小さな本が日本からスウェーデンへの大きな架け橋となることを祈念して、そして本書をきっかけにさらに多くのスウェーデン・ファンやスウェーデン人のみなさんとお会いできることを楽しみに筆をおきたいと思います。

2018年12月　西田孝広

北欧の小さな大国「スウェーデン」の魅力150

2018年12月25日　初版第1刷発行
2021年11月12日　第2刷発行

著者	西田孝広
編集	益田光
デザイン	川島卓也／大多和琴（川島事務所）
印刷・製本	シナノ印刷株式会社
発行者	安在美佐緒
発行所	雷鳥社

〒167-0043　東京都杉並区上荻2-4-12
TEL 03-5303-9766／FAX 03-5303-9567
http://www.raichosha.co.jp／info@raichosha.co.jp
郵便振替　00110-9-97086

写真：西田孝広／Image Bank Sweden
（提供画像は掲載ページ下部にクレジット表記しています）

協力：スウェーデン大使館／インタビュー掲載者／情報・画像提供者各位
Anneli Hovberger／Daniel Almgren (Stockholm Marathon)／Diana Joelsson (At Six)
Ejes／Henrik Sanden／Hotel Skeppsholmen／Johan Schimanski
Laura Miilius／Maja Safstrom／Rita Orneus／Thomas Windestam
Ulrike Spring／Veronika Chylova／金哲彦／ボルボ・カー・ジャパン株式会社

本書の無断転写・複写をかたく禁じます。乱丁、落丁本はお取り替えいたします。
◎ 掲載している情報は、取材当時のものです。

ISBN 978-4-8441-3745-0 C0026
©Takahiro Nishida／Raichosha 2018 Printed in Japan.